A mi padre,

la roca de mi herencia y de la fe.

LAS CINCO PIEZAS MÁS IMPORTANTES DEL ROMPECABEZAS DE LA VIDA

por
JIM ROHN

SUCCESS

Distribuido por SUCCESS.

SUCCESS
3131 McKinney Ave., Ste 502
PMB 30053
Dallas, Texas 75204-2426 U.S.
www.SUCCESS.com

Regístrate en
GRATIS en línea boletín semanal
www.JimRohn.com/Newsletter

Impreso en los Estados Unidos de América.

ISBN: 978-0-981-95121-8 (Libro de bolsillo)

Traducido al español por Alicia Sotomayor
(www.mincor.net)
Título del original en inglés: The Five Major Pieces to the Life Puzzle

CONTENIDO

PREFACIO

Inherente a la naturaleza del éxito es el hecho de que es confuso y difícil de adquirir, e incluso puede no recompensar a todos, sino sólo a un grupo de los que lo persiguen.

Es por un designio intrincado de la naturaleza, que el éxito es una condición que debe ser atraída y no perseguida. Conseguimos recompensas y hacemos progresos, no por nuestra intensa búsqueda, sino por aquello en que nos convertimos, ya que somos nosotros los que determinamos, finalmente, los resultados que atraemos.

"Para tener más, debemos primero llegar a ser más". Ésa es la verdadera esencia de la filosofía del desarrollo personal, del éxito y la felicidad, expuesta por Jim Rohn en *Las cinco piezas más importantes del rompecabezas de la vida.*

Es nuestra filosofía personal la que establece nuestra actitud individual. Es nuestra actitud la que determina la cantidad y la calidad de nuestro nivel de actividad. Esta actividad produce un resultado final y proporcionado; y el resultado provee el estilo de vida que tenemos.

Los resultados y el estilo de vida son los efectos, las condiciones que heredamos, pero son nuestra filosofía personal, nuestra actitud y nuestra actividad las causas finales del efecto.

Para cambiar el efecto, debemos alterar la causa, pero aún así vemos todavía mucha gente que maldice el efecto y continúa nutriendo la causa.

En éste, su tercer libro, Jim Rohn trae ideas y pensamientos en su inimitable estilo, brindándonos una voz única de esperanza, inspiración y respuestas para aquellos en busca de una vida mejor. En su escritura, él provee de ánimo y sentido los que siguen su filosofía: "Usted puede tener más de lo que tiene, porque puede llegar a ser más de lo que es."

Deje que las palabras lo convenzan. Deje que el mensaje de Jim Rohn lo inspire. Permita que la filosofía de Jim afecte su vida. Una vez que haya leído y dominado **Las cinco piezas más importantes del rompecabezas de la vida**, usted ¡habrá descubierto su potencial como nunca antes lo había visto!

LAS CINCO PIEZAS MÁS IMPORTANTES DEL ROMPECABEZAS DE LA VIDA

INTRODUCCIÓN

En este mismo momento tiene entre sus manos un documento que representa una impresionante fuerza, y confío en que usted tomará con tanta seriedad la *lectura* de este libro como yo lo hice al escribirlo.

Lo que está escudriñando son solamente palabras impresas en unas páginas. Estas palabras y pensamientos tienen un poder único. Nuestro objetivo, suyo y mío, será transformar estas palabras impresas en ideas y emociones, que llegarán a convertirse en herramientas para moldear una nueva vida, con nuevas metas, con una nueva decisión de alcanzar lo que quiera tener y llegar a ser lo que desea ser.

La mayoría de los libros están escritos para entretener o informar. Este libro está escrito para que pueda *inspirar*. El hecho de que haya tomado posesión de este libro, sugiere que usted ya está en un proceso de búsqueda. También es muy posible que haya algo en su vida que le gustaría cambiar. Quizás usted siente que merece más de lo que actualmente gana como salario, o que usted tiene más talento y habilidad de los que puede expresar en su actual ocupación. Tal vez está luchando con un dilema personal que lo tiene confundido.

Cualquier cosa que lo haya conducido a este momento, un momento en el que ha hecho una pausa para examinar las ideas contenidas en este libro, hace pensar que usted está en busca de *respuestas*. Usted es uno de aquellos seres humanos afortunados que está listo para el cambio, y de *eso* es de lo que trata este libro: de transformar la vida del individuo de donde está y lo que es, a donde desea estar y quiere *ser*.

Cómo comienza el proceso de cambio

El cambio viene de una de dos fuentes. Primero, podemos buscarlo por *desesperación*. Algunas veces nuestras circunstancias pueden estar tan fuera de control, que abandonamos nuestra búsqueda de respuestas, porque nuestras vidas parecen estar llenas de *preguntas* sin respuestas. Pero es esta sensación abrumadora la que finalmente nos lleva a buscar soluciones. La desesperación, es el resultado final e inevitable de meses o años de negligencia acumulada. La desesperación nos trae a un punto en el tiempo, donde nos encontramos con la necesidad de buscar respuestas a los desafíos que hemos acumulado durante la vida.

La segunda fuente que nos lleva a hacer cambios en nuestras vidas es la *inspiración*. Espero que este sea su caso y que esté en el momento de sentir la suficiente inspiración, para hacer importantes y dramáticos cambios en su vida, como resultado de los mensajes que voy a empezar a compartir con usted.

La inspiración puede venirnos en cualquier momento y de muchas fuentes. Una canción puede inspirarnos, un libro puede inspirarnos, como también puede hacerlo una charla efectiva y emocionante. La historia de alguien que ha triunfado a pesar de las dificultades, puede conmovernos. La inspiración, no importa su fuente, despierta emociones en nosotros que reavivan la esperanza, la ambición y la determinación. Es un susurro momentáneo de ánimo y consuelo, que nos hace estar alertas de nuestro potencial. Sentimos una chispa de deseo y nuestras mentes van de una posibilidad a la otra; cada pensamiento cargado con la promesa de la felicidad y el éxito futuro. En ese momento fugaz es cuando la inspiración conmueve nuestra alma, actuamos o no hacemos nada, contentándonos con el sentimiento cálido que está en nuestro interior, hasta que, finalmente, la calidez sigue su camino, llevándose consigo la promesa y las posibilidades.

Dondequiera que usted se encuentre en este momento de su vida, respondiendo a la desesperación o buscando inspiración, le pido toda su atención y la promesa de terminar este libro, no solo comenzarlo. Al final, seremos juzgados no por las cosas que comenzamos, sino por las que nos llevaron a una *conclusión* exitosa, gracias a nuestro esfuerzo y determinación.

He puesto gran cuidado en reunir algunos pensamientos e ideas que representan verdaderamente un cambio en la vida. La inspiración que confío recibirá de este libro, tiene la capacidad de alterar *cualquier* circunstancia humana. Pero, para que estas ideas lleven su inevitable magia a su vida, debe dedicarle tiempo en las semanas que vienen, para contemplar seriamente la dirección de su vida, evaluar el mensaje, y aplicar cuidadosamente los principios de las páginas que siguen.

Déjeme comenzar compartiendo con usted algunas pocas e importantes reflexiones, que pueden ayudarlo en el comienzo de su viaje hacia el éxito y la felicidad.

La clave para el éxito y la felicidad

Siempre hay algunos principios importantes que dan cuenta del progreso que hacemos en nuestras vidas. Estos son "puntos básicos" para obtener magníficos efectos en nuestra salud, nuestra felicidad y nuestra cuenta bancaria. No estoy sugiriendo que solo hay unas pocas ideas para cambiar su vida, con certeza hay muchísimas más. Lo que estoy sugiriendo, sin embargo, es que comience su búsqueda concentrándose en las cinco ideas fundamentales que estudiaremos en este libro. Estas son cinco, dentro de muchas, que contarán para el grandioso resultado que conseguirá.

Usted nunca dominará cada aspecto de la vida. Tratar de dominar cada detalle de su vida, solo lo llevará a la frustración. En su lugar, ¿por qué no tratar de dominar algunas ideas dentro de las muchas que hay?; esas pocas que marcarán la *gran* diferencia; esas pocas que producirán el mayor impacto y determinarán la calidad de su existencia.

Si usted mira alrededor de su mundo buscando respuestas para una buena vida, siempre buscará aquellas *pocas* cosas que marcan la *mayor* diferencia. Si usted domina lo básico, le prometo que no se desilusionará con los resultados.

Esto es lo básico, lo fundamental en la vida, que todos debemos dominar. Estas son las mismas claves para el éxito y la felicidad que han existido durante los últimos seis mil años de historia. No hay *nuevos* principios para el logro humano. Lo básico es lo básico, y todo lo demás es solamente una actividad diseñada para refinar o expandir estos mismos principios.

En el intento por mejorar sus circunstancias actuales, nunca se permita alejarse de aquellos principios comprobados a lo largo del tiempo, que han pasado de generación en generación, como una fuente estable que permite encontrar las bases para desarrollar y vivir una mejor vida.

Las cinco piezas más importantes del rompecabezas de la vida

Si todo el que lee este libro, se sentara y desarrollara su propia lista de los cinco principios importantes que marcan la gran diferencia, probablemente tendríamos cien respuestas diferentes para compartir con los demás. Y, en cierta medida, todas las repuestas serían correctas, puesto que cada uno de nosotros hemos destacado unos principios más que otros.

Es importante entender que la lista que compartiré con ustedes en este libro no significa que estos cinco son los *únicos* cinco y los demás quedan excluidos. No soy tan sabio, ni tan presuntuoso, como para sugerir que tengo todas las respuestas, y que mis respuestas son las *únicas*. Los principios que cubriremos en este libro son cinco importantes conceptos que ahora son fundamentales para su éxito, tal como lo fueron en las generaciones precedentes. A lo largo de todos estos años de estudio y experiencia, de todos mis encuentros con el éxito y el fracaso, con las conversaciones y asociaciones que he tenido el privilegio de compartir, estos son los cinco principios que han permanecido incuestionables en su capacidad de producir resultados para el cambio de vida.

La permanencia es a menudo el mejor indicador de validez y valor. Por esto es que lo invito a observar de cerca estos cinco principios perdurables, los " puntos básicos", que parece que siempre estuvieron presentes, guiando la vida de aquellos que han tenido éxito con los cambios y oportunidades que la vida les ha brindado.

No tengo la respuesta final e indiscutible para encontrar una mejor vida. Sé que hay mucha gente que pretende conocer *la verdad*, y que sugiere que ha descubierto la respuesta final en el rompecabezas de la vida. Pero, no puede haber una sola respuesta, una gran respuesta, simplemente, porque nunca habrá una simple y gran pregunta. Por eso es que mi mejor consejo ha sido siempre: atenerse a lo básico. Y si usted le presta a cada uno de los puntos básicos que vamos a compartir su cuidadosa atención, le aseguro que estará feliz con los resultados, porque son las cinco piezas más importantes del rompecabezas de la vida.

CAPÍTULO UNO

FILOSOFÍA

La Filosofía es el principio básico en los cimientos de las cinco piezas más importantes del rompecabezas de la vida. El factor más importante para determinar el curso de nuestra vida es la manera que escogemos para pensar. Todo lo que está dentro de la mente humana en forma de pensamientos, ideas e información, crea nuestra filosofía personal. Nuestra filosofía influye en nuestros hábitos y nuestro comportamiento, y ahí es realmente donde todo comienza.

Cómo se forma nuestra filosofía personal

Nuestra filosofía personal viene de lo que sabemos y del proceso de cómo llegamos a saber lo que sabemos actualmente. A lo largo de la vida, recibimos datos de multitud de fuentes. Lo que sabemos viene de la escuela, los amigos, los asociados, los medios de comunicación, la casa, la calle; viene de libros y del proceso de lectura; viene de oír y observar. Las fuentes de conocimiento e información que han contribuido a la formación de nuestra filosofía actual son virtualmente ilimitadas. Como adultos, toda la nueva información que nos llega es examinada por el filtro de nuestra filosofía personal. Esos conceptos que parecen estar de acuerdo con las conclusiones a las que hemos llegado, se agregan a nuestro almacén de conocimientos, y sirven para reforzar nuestro pensamiento actual. Las ideas que parecen contradecir nuestras creencias son, usualmente, rechazadas prontamente.

Constantemente, estamos en el proceso de comprobar si nuestras creencias preexistentes son correctas o si se confirman con la nueva información. Cuando mezclamos lo nuevo con lo viejo, el resultado fortalece nuestras creencias pasadas, o amplía nuestra filosofía actual, a la luz de la nueva y valiosa información acerca de la vida y la gente.

Estas mismas creencias que forman nuestra filosofía personal, también determinan nuestro sistema de valores. Nuestras creencias nos llevan a tomar ciertas decisiones acerca de lo que es valioso para nosotros, como seres humanos. Con el paso del tiempo, escogemos hacer lo que pensamos que es valioso. Si alguien decide empezar su día a las cinco cada mañana, para aprovechar la oportunidad de proveer a su familia con mejores cosas, ¿qué es lo que esa persona realmente está haciendo?

Está haciendo lo que su filosofía personal le ha enseñado que es valioso. Por lo contrario, el que escoge dormir hasta medio día está también haciendo lo que considera valioso. Pero, el resultado de las dos filosofías, desde el punto de vista de la gente respecto a lo que es valioso, será drásticamente diferente.

Todos tenemos nuestras propias ideas acerca de las cosas que afectan nuestra vida, basados en la información que hemos reunido por años. Cada uno de nosotros tiene su punto de vista personal acerca del gobierno, la educación, la economía, su jefe y multitud de otras cosas. Lo que pensamos acerca de estos asuntos se suma a nuestra filosofía, y nos hace llegar a ciertas conclusiones acerca de la vida y su modo de operar. Estas conclusiones nos llevan luego a hacer juicios de valor específicos, que determinan nuestra forma de actuar en un día determinado y ante una circunstancia determinada. Todos hemos tomado, y continuaremos tomando, decisiones basados en lo que creemos valioso. Si las decisiones que tomamos nos llevan al éxito o al fracaso, depende de la información que hemos reunido durante años para formar nuestra filosofía personal.

La filosofía personal es como fijar el rumbo para navegar

En el proceso de la vida, los vientos de las circunstancias soplan sobre nosotros en una interminable corriente que nos afecta a todos.

Hemos experimentado los vientos de la desilusión, el desespero y la angustia. ¿Por qué, entonces, cada uno de nosotros, en nuestro barco de vida individual, comenzando desde el mismo punto, con el mismo destino intencional en mente, llegamos a lugares tan diferentes al final del viaje? ¿No hemos navegado todos en el mismo mar? ¿No hemos tenido todos el mismo viento, las mismas circunstancias y las mismas tormentas de descontento?

Lo que nos lleva a destinos diferentes está determinado por la forma que escogemos de navegar. La forma en que cada uno de nosotros piensa, hace muy diferente el sitio adonde llegamos. La circunstancia no es la que hace la diferencia, la gran diferencia está en el rumbo de la navegación.

Las mismas circunstancias nos suceden a todos. Todos tenemos esos momentos en los que, a pesar de nuestros mejores planes y esfuerzos, las cosas parecen ir mal. Los desafíos no son eventos reservados para los pobres, los incultos o los desamparados. Los ricos y los pobres tienen hijos que tienen problemas. Los ricos y los pobres tienen problemas maritales. Los ricos y los pobres tienen los mismos desafíos que los pueden llevar a la ruina financiera y a la desesperación. En el análisis final, no es lo que sucede lo que determina la calidad de nuestra vida, sino lo que escogemos hacer cuando forcejeamos para fijar el rumbo, y luego descubrimos, a pesar de todos nuestros esfuerzos, que el viento ha cambiado de dirección.

Cuando el viento cambia, nosotros debemos cambiar. Debemos luchar una vez más y colocar la vela de tal manera, que nos lleve al destino que tenemos y que hemos escogido deliberadamente. El destino que fijemos, la forma en que pensemos y la forma en que respondamos, tienen más capacidad de destruir nuestra vida que cualquier desafío que enfrentemos. Qué tan rápido y responsablemente reaccionemos a la adversidad, es mucho más importante que la adversidad misma. Una vez que nos disciplinemos para entender esto, concluiremos, finalmente y con gusto, que el gran desafío de la vida es controlar el proceso de nuestra manera de pensar.

Aprender a restablecer el rumbo con el cambio de viento, antes de permitirnos que el viento nos lleve en una dirección que no escogimos, requiere del desarrollo de una nueva y completa disciplina. Esto implica trabajar para establecer una filosofía personal y poderosa, que ayudará a influenciar en una forma positiva todo lo que hacemos, pensamos y decidimos. Si tenemos éxito en esta noble misión, el resultado cambiará el curso de nuestros ingresos, nuestra cuenta bancaria, nuestro estilo de vida y nuestras relaciones, y en cómo nos sentimos acerca de las cosas de valor, así como en los momentos de desafío. Si podemos alterar la forma en que percibimos, juzgamos y decidimos sobre los principales asuntos de la vida, podremos cambiar dramáticamente nuestras vidas.

Cómo desarrollar una filosofía personal poderosa

La mayor influencia sobre lo que decidamos hacer con las oportunidades del mañana no van a ser las circunstancias, sino más bien cómo pensamos. Lo que pensamos, y las conclusiones a las que llegamos sobre los desafíos de la vida, serán la suma total de lo que hemos aprendido hasta ahora.

El proceso de aprendizaje juega un rol importante en la determinación de nuestra filosofía personal. A través de los años, todos nos las hemos arreglado para obtener una cantidad considerable de conocimientos. No podemos vivir sin la información que nos rodea y que impacta la manera en que pensamos. Continuamente, la mente humana está tomando fotografías y grabando todo lo que nos rodea. Todas las experiencias quedan grabadas indeleblemente en las neuronas del cerebro. Cada palabra, cada canción, cada programa de televisión, cada conversación y cada libro, han dejado una impresión eléctrica o química en nuestras computadoras mentales. Cada emoción, cada pensamiento, cada actividad en la cual nos hemos involucrado, ha creado un nuevo circuito en el cerebro, que queda integrado a todos los circuitos que ya existían. Todo lo que ha tocado nuestras vidas queda definitivamente grabado; y todo lo que somos ahora, es el resultado de la acumulación de datos que están intrincadamente conectados por una delicada combinación de impulsos químicos y eléctricos, almacenados en las tres libras que pesa nuestro cerebro. Todo esto que ha pasado a nuestro alrededor, es ahora esta característica única que llamamos ser: el ser humano individual.

Cómo usamos toda esta información y la forma en que ensamblamos el conocimiento que hemos reunido, es lo que constituye nuestra filosofía personal. El problema es que mucha de la información reunida resulta en conclusiones erróneas sobre la vida, que pueden efectivamente bloquear la obtención de nuestras metas. La única manera de eliminar estas barreras mentales es examinando, cambiando y revisando nuestra filosofía personal.

La mejor forma de establecer una nueva y poderosa filosofía personal, es empezando por hacer una revisión objetiva de las conclusiones que hemos sacado de la vida. Cualquier conclusión que no trabaje a favor de nosotros, estaría trabajando en contra nuestra. Supongamos, por ejemplo, un hombre que ha decidido que su actual empleador no le está pagando suficiente. Su sistema de valores, basado en años de información y experiencias acumuladas, le está diciendo: “No es justo”. Este juicio de valor origina que él tome determinados pasos en represalia. Como resultado, reduce sus esfuerzos y hace solamente aquellas cosas que siente que están justificadas por su salario actual. No hay nada de malo con esta decisión… siempre y cuando su objetivo sea permanecer donde está, haciendo lo que está actualmente haciendo, y obteniendo el mismo pago por el resto de su vida.

Todas nuestras creencias y elecciones contraproducentes, son el resultado de años de acumular información equivocada.

Simplemente, hemos estado alrededor de las fuentes erróneas y reunido datos equivocados. Las decisiones que estamos tomando no son equivocadas, tomando en consideración la información que tenemos; es la información que tenemos la que está causando que tomemos una decisión errónea. Desafortunadamente, estas malas decisiones nos están alejando, más que acercando, a la obtención de nuestras metas.

La importancia de la nueva información

Como es virtualmente imposible identificar y borrar toda la información errónea en nuestras computadoras mentales, la única manera de cambiar nuestra forma de pensar es agregándole nueva información. A menos que cambiemos lo que sabemos, continuaremos creyendo, decidiendo y actuando en una manera contraria a nuestros mejores intereses.

Obtener la información requerida para el éxito y la felicidad, y obtenerla de manera precisa, es esencial. De otra manera, inevitablemente, derivaremos hacia la ignorancia, engañados por nuestro poder, nuestro prestigio y nuestras posesiones.

La pregunta es: ¿dónde podemos obtener nuevas, precisas y mejores ideas e información que nos permitan convertirnos en más de lo que somos? Afortunadamente, hay mucha riqueza de información positiva alrededor nuestro que, simplemente, está esperando ser usada.

Aprender de nuestras experiencias personales

Una de las mejores formas de expandir la dimensión de nuestros conocimientos, es haciendo una seria revisión de nuestras propias experiencias. Todos tenemos una universidad de experiencias en nuestro interior. Los libros alineados en las estanterías de nuestras mentes fueron escritos y puestos allí por todas las experiencias que hemos tenido desde nuestro nacimiento. Estas experiencias nos dicen que hay una forma correcta y otra incorrecta respecto a todo lo que hacemos, y en toda decisión que enfrentemos, así como en todo obstáculo que enfrentemos.

Una forma de aprender a hacer algo correctamente, es hacer algo erróneamente. Aprendemos tanto de los fracasos como de los éxitos. El fracaso nos debe enseñar o de lo contrario no encontraríamos el éxito. Los fracasos y errores del pasado hacen que corrijamos nuestra conducta actual, para que el presente y el futuro no sean sólo duplicados del pasado.

Todos tenemos grabados en nuestra memoria una serie de hechos pasados, y sus buenas o malas consecuencias. La clave es hacer que estas memorias de eventos pasados nos sirvan, para que no seamos esclavos de ellas.

Debemos trabajar para asegurarnos de que las memorias de experiencias pasadas sean exactas, hayan sido buenas o malas, si van a servirnos para que nuestro futuro sea mejor que nuestro pasado. Debemos reflexionar sobre nuestro pasado, reviviendo momentos, ponderando las lecciones, y refinando nuestra conducta actual, basándonos en las lecciones de nuestra historia personal. Si hemos manipulado la verdad en el pasado, si hemos tenido la tendencia a culpar a otros antes que a nosotros mismos, entonces hemos estado buscando escaparnos de la realidad, y estaremos destinados a repetir los errores y a revivir las dificultades en el presente.

Aprender de una opinión externa

Podemos buscar asesoría. De alguna manera, ése es el propósito de este libro. Llevar a quienes estén buscando pensamientos e ideas, una opinión nueva y objetiva. Todos somos capaces de corregir nuestros propios errores, pero siempre hay mucho valor en la opinión externa de alguien, que nos pueda dar una apreciación objetiva de quiénes somos y qué estamos haciendo, y del impacto potencial de nuestros pensamientos y acciones para un mejor futuro.

Una opinión objetiva de alguien que respetemos (que no seamos nosotros), nos capacitará para ver las cosas que no vemos. En nuestro mundo personal, tendemos a ver solo los árboles; mientras que un amigo, objetivo y capaz, probablemente, verá el bosque. La objetividad, traída a nosotros en la forma de un consejo sabio de alguien a quien creemos y respetamos, nos puede llevar a una pronta y exacta información acerca de nosotros y nuestro proceso de decisión. Nos puede evitar alcanzar conclusiones erróneas basadas en la familiaridad de nuestro entorno.

Seremos sabios, ciertamente, si nos disciplinamos para pedir consejo y sugerencias de alguien que se interese por nosotros; a menos que la vida y las circunstancias nos fuercen a tomar consejo de alguien a quien no le importemos.

En el mundo de los negocios, los ejecutivos exitosos a menudo recurren a asesores para que les den opiniones externas frescas. Los empleados de la compañía pueden estar tan familiarizados con el problema que pierden la habilidad para ver la solución que, posiblemente, está frente a ellos.

Debemos estar seguros de tener acceso a una persona o grupo selecto de asociados a quienes pedir consejo cuando los vientos cambien, a veces tan frecuentemente que no estamos seguros si todavía seguimos bien encaminados. Otros nos pueden ayudar a examinar nuestras acciones objetivamente, para asegurarnos que no vamos a la deriva, alejándonos de lo fundamental, de lo básico.

Aprender de los fracasos experimentados por los demás

Tenemos incalculables oportunidades de aprender de otra gente y de sus propias experiencias. A través de la experiencia de otros, hay dos fuentes importantes de información disponibles; dos formas de pensar; dos categorías de experiencias similares, pero con resultados notablemente diferentes. Estamos expuestos día a día a representantes de ambos grupos. Cada grupo busca su propia audiencia, y cada uno hace efecto en aquellos que escogen escuchar. Pero ambas fuentes son importantes. Una sirve de ejemplo para seguir, la otra, como ejemplo para ser evitada, como una advertencia para ser estudiada, pero no para ser imitada.

Todos deberíamos estudiar las fallas. Es parte de la experiencia mundial, parte de la experiencia de la vida. ¿Por qué queremos estudiar lo que falla? Porque así podremos aprender lo que no debemos hacer.

Todas las experiencias nos sirven como profesores, que nos proveen información para aprender e invertir su valor en nuestras vidas. Hay algunos que enseñan que debería evitarse a toda costa relacionarse con personas que no han logrado el éxito en sus vidas, y que han desaprovechado sus oportunidades, por temor a que aprendamos sus malos hábitos, y como consecuencia, repitamos sus infortunados errores. Sin embargo, como alguien dijo sabiamente: "Aquellos que no aprenden de los errores del pasado, están condenados a repetirlos". Si ignoramos las lecciones del pasado, cualquiera sea su fuente, podemos convertirnos en víctimas del proceso de prueba y error. Ignorando las lecciones de la historia, nuestras pruebas, inevitablemente, nos llevarán a cometer los mismos errores que al final nos destruirán.

Quizás es desafortunado que aquellos que fallaron no tengan la oportunidad de enseñarnos sus experiencias. Si tuviéramos más oportunidades de aprender de las experiencias negativas de otros, bien podríamos salvarnos de verdaderos desastres.

Aprender del éxito de otras personas

Cualquier cantidad de tiempo que invirtamos en estudiar a la gente que ha logrado hacer bien las cosas, vale la pena. Reunir las ideas y la información de todas las fuentes disponibles. Leer. Ir a seminarios. Invertir tiempo reuniendo el conocimiento que el éxito requiere. Estudiar los hábitos, el lenguaje, la manera de vestir y las disciplinas de aquellos que han tenido éxito.

Una de las grandes fuentes de sabiduría de aquellos que han hecho bien las cosas puede encontrarse en muchos libros de citas que hay disponibles en las librerías. Solamente leyendo esas palabras que han dicho los grandes entre nosotros (del pasado y del presente), podemos llegar a un mejor entendimiento de los pensamientos que guiaron las vidas de aquellos que fueron lo suficientemente grandes, lo suficientemente persuasivos, que influenciaron lo suficiente y fueron lo suficientemente exitosos para ser citados.

Capitalizar el poder de la influencia positiva

Cada uno de nosotros debe estar en una constante búsqueda de personas a las que podamos admirar y respetar, gente de la cual podamos tomar patrones de comportamiento para nuestra propia conducta. Gran parte de lo que somos ahora es una mezcla de la influencia que muchas personas han tenido sobre nosotros a través de los años. Cuando éramos jóvenes nuestros ídolos fueron frecuentemente personajes de novelas, estrellas de cine y músicos famosos. Por un tiempo, caminamos, vestimos y hasta tratamos de hablar como nuestros héroes. En la medida en que fuimos madurando y nuestras personalidades se desarrollaron, nuestra imitación de otras personas se volvió menos aparente, pero la influencia estaba allí de todas maneras.

Independientemente de nuestra edad y circunstancias, nunca estamos más allá del alcance de la influencia. La clave es encontrar seres humanos únicos, cuyas personalidades y logros nos estimulen, fascinen e inspiren para que luchemos, para asimilar sus mejores cualidades. Los grandes proyectos siempre se construyen a partir de un patrón o diseño. En toda nuestra vida no hay proyecto más grande que el desarrollo deliberado de nuestras propias vidas. Por eso, cada uno de nosotros necesita un "diseño", algo o alguien hacia donde mirar y un patrón que seguir, si queremos cambiar y progresar.

Todos estamos siendo influenciados por alguien. Y como esta influencia determinará hasta cierto punto la dirección de nuestras vidas, es mucho mejor si, deliberadamente, escogemos las personas que vamos a permitir que nos influencien, antes que dejar que el poder de la influencia negativa teja su efecto en nosotros, sin nuestro conocimiento o elección consciente.

Volverse un buen observador

Nunca debemos dejar pasar un día sin encontrar respuestas a una lista de preguntas importantes, tales como: ¿Qué está pasando en nuestra industria? ¿Qué nuevos desafíos está enfrentando nuestro gobierno? ¿Nuestra comunidad? ¿Nuestro vecindario? ¿Cuáles son las innovaciones, las nuevas oportunidades, las nuevas herramientas y técnicas que han aparecido recientemente? ¿Quiénes son las nuevas personalidades que están influenciando el mundo y la opinión local?

Debemos volvernos buenos observadores, para evaluar astutamente todo lo que está sucediendo a nuestro alrededor. Todos los eventos nos afectan; y lo que nos afecta imprimirá una huella en lo que seremos y en cómo viviremos algún día.

Una de las razones por las cuales las personas no logran tener éxito, es porque siempre están tratando de pasar el día. Un desafío más valioso sería tratar de lograr algo del día. Tenemos que ser lo suficientemente sensibles como para observar y ponderar lo que está pasando a nuestro alrededor. Estar alertas. Estar despiertos. Dejar que la vida nos toque con todos sus sutiles mensajes. Frecuentemente, las más extraordinarias oportunidades están escondidas dentro de los que parecerían ser insignificantes eventos de la vida. Si no le ponemos atención a estos eventos, muy fácilmente perderemos las oportunidades.

Aprender a escuchar

En el mundo de hoy es un verdadero desafío ser un buen oyente. Hay muchas voces que llaman su atención, cada una con su mensaje especial, y cada una con su atractivo especial.

Una de las mejores formas de tratar con este importante desafío es desarrollar la habilidad de escuchar selectivamente.

Escuchar selectivamente es como sintonizar la radio para encontrar la estación que más nos gusta. A medida que buscamos la emisora, escuchamos por un segundo o dos, y enseguida seguimos buscando o nos detenemos, dependiendo de lo que hayamos oído. Cada vez que una voz llama nuestra atención, debemos detenernos por un momento y ponderar el mensaje. Si el mensaje es superficial o sin contenido, tenemos que disciplinarnos para seguir adelante. Debemos seguir "buscando" y movernos hacia la siguiente voz, de tal manera que el mensaje superficial y sin contenido no nos afecte.

Todas las cosas que escuchamos están siendo grabadas en nuestras computadoras mentales, y formando nuevas conexiones en el cerebro. Podemos escuchar algunas voces por curiosidad, pero si la voz no nos está llevando hacia el logro de nuestras metas, entonces debemos decidir, con gran prudencia, cuánto tiempo seguiremos escuchando. Únicamente cuando hayamos encontrado una fuente de información valiosa, deberemos permitir que ese mensaje nos toque y nos agregue valor.

Uno de los grandes atributos del liderazgo es la comunicación efectiva: aprenderemos qué decir después que hayamos aprendido cómo escuchar. El arte de escuchar es una oportunidad para incrementar nuestro conocimiento y nuestros valores. Por otro lado, el proceso de hablar, es el acto de mostrar lo mucho o lo poco que hayamos aprendido. Primero, debemos dominar el arte de escuchar antes de que nuestras palabras tengan algún valor para otros.

La mejor forma de aprender lo que debemos decir a nuestros hijos es escuchándolos. Debemos leer los libros que ellos están leyendo, y familiarizarnos con los mensajes que están recibiendo de diversas fuentes. Escuchar la información que está llegando a nuestros hijos no solamente incrementará nuestra conciencia sobre sus procesos de decisión, sino que también nos ayudará a hablarles de una manera más efectiva sobre lo que es valioso para ellos.

Leer todos los libros

Todos los libros que necesitaremos para hacernos ricos, saludables, felices, poderosos, sofisticados y exitosos como nosotros queremos, ya han sido escritos.

Personas que provienen de todos los caminos de la vida; personas con las más increíbles experiencias de vida; personas que han pasado de tener centavos a tener fortunas; y del fracaso al éxito, se han tomado el tiempo de escribir sus experiencias, de tal manera, que podamos compartir su riqueza de conocimientos. Ellas nos ofrecen su sabiduría y experiencia para que nos inspiren y nos instruyan, y así podamos corregir o mejorar nuestra filosofía.

Su contribución nos permite fijar un nuevo rumbo de navegación basado en sus experiencias. Ellos nos brindan el regalo de sus reflexiones, para que podamos cambiar nuestros planes si es necesario, para evitar los errores que ellos cometieron. Podemos reordenar nuestras vidas basados en su sabio consejo.

Todas las reflexiones que podamos necesitar ya han sido escritas. La pregunta importante es: en los últimos noventa días, con este tesoro de información que puede mejorar nuestras vidas, nuestras fortunas, nuestras relaciones, nuestra salud, nuestros hijos y nuestras carreras, ¿cuántos libros hemos leído?

¿Por qué somos tan descuidados para leer libros que cambien nuestras vidas? ¿Por qué nos quejamos, pero seguimos sin cambiar? ¿Por qué tantos de nosotros maldecimos el efecto, pero nutrimos la causa? ¿Cómo explicamos el hecho de que solamente el tres por ciento de la población de los Estados Unidos, posea una tarjeta de Biblioteca, una tarjeta que nos da acceso a todas las respuestas del éxito y la felicidad que podamos querer? Aquellos que desean una mejor vida, no pueden permitirse no leer los libros que podrían tener un impacto importante en el cambio de sus vidas. El libro que no se lee, es un libro que no ayuda.

¡Y el asunto es que los libros ni siquiera son tan caros! Si una persona piensa que el precio de comprar un libro es muy alto, que espere hasta que tenga que pagar el precio por no comprarlo. Espere hasta que reciba la factura por una continua y prolongada ignorancia.

Es muy pequeña la diferencia entre alguien que no puede leer y alguien que no lee. El resultado en ambos casos es la ignorancia. Aquellos que están buscando seriamente su desarrollo personal deben eliminar todas las limitaciones auto-impuestas en sus capacidades y hábitos de lectura. Hay una gran cantidad de clases sobre cómo ser un buen lector; y miles de libros en las estanterías de las bibliotecas públicas esperando ser leídos. Leer es esencial para aquellos que buscan destacarse por encima de lo común. No debemos permitir que nada se interponga entre nosotros y ese libro que puede cambiar nuestras vidas.

Leer un poco cada día resultará en una valiosa cantidad de información en un corto período de tiempo. Pero si fallamos en buscar el tiempo, si fallamos en seleccionar el libro, si fallamos en la disciplina, será la ignorancia la que se mueva rápidamente a ocupar el espacio que hemos dejado vacío.

Aquellos que buscan una mejor vida, primero deben convertirse en una mejor persona. Deben buscar continuamente la forma de manejar el desarrollo de una filosofía balanceada de vida, y después, vivir de acuerdo con lo que dicta esa filosofía. El hábito de leer es uno de los pasos más importantes en el desarrollo de los cimientos de una filosofía sólida. Es uno de los fundamentos requeridos para obtener éxito y felicidad.

Llevar un diario personal

En nuestra continua búsqueda de conocimiento y comprensión, hay otra disciplina que nos ayudará a capturar la información que nos rodea, haciendo que nuestro futuro sea mejor que el pasado: llevar un diario personal. Un diario es el lugar donde podemos reunir todas las observaciones y descubrimientos sobre la vida. Es nuestra propia transcripción, está escrito en nuestras propias palabras, capturando las experiencias, ideas, deseos y conclusiones acerca de la gente, y los eventos que han afectado nuestras vidas.

Un diario nos proporciona dos notables beneficios. Primero, nos permite capturar todos los aspectos del presente para poder revisarlos en el futuro. Los sucesos de nuestras vidas, experiencias de las que aprendemos y vivimos, no deberían sólo "ocurrir": deben ser recopilados de tal manera que sus lecciones puedan ser una inversión para el futuro. El pasado, cuando está apropiadamente documentado, es una de las mejores guías para tomar hoy buenas decisiones que nos llevarán a un mañana mejor.

Aunque es verdad que todos los eventos son grabados en el cerebro, no siempre podemos tener acceso a los aspectos específicos que rodean estos eventos, cada vez que lo queramos.

Frecuentemente, los detalles se vuelven borrosos o distorsionados con el tiempo. Seguramente recordamos el resultado, pero olvidamos la secuencia exacta de los eventos o de las decisiones que fueron tomadas. Sin información exacta para valorizar nuestro recuerdo del pasado, corremos el riesgo de repetir muchos de los mismos errores una y otra vez.

Sin un diario, esos momentos especiales, esos hitos de emoción y experiencia, serán llevados por el viento de nuestro olvido a las profundidades de nuestra mente, donde su valor se perderá para siempre. La emoción de ese momento especial, a menos que sea capturada en un diario, pronto desaparece. Es posible que recordemos el evento, pero que perdamos la emoción.

El segundo beneficio de llevar un diario es que el mismo acto de escribir sobre nuestras vidas, nos ayuda a pensar más objetivamente sobre nuestras acciones. Cuando escribimos tendemos a dosificar el flujo de la información. A medida que hacemos pausas para poner en orden nuestros pensamientos sobre un evento que estamos tratando de dejar escrito en el papel, tenemos tiempo para ponderar y analizar la experiencia. Empezamos a ver más claramente las fuentes de nuestra información, los factores sobre los cuales basamos nuestras decisiones, y las acciones que estamos tomando como respuesta a nuestras creencias. En otras palabras, no es sólo el evento, sino nuestra filosofía personal la que se somete a intenso escrutinio, en el proceso de capturar nuestras vidas en papel. Y es este intenso escrutinio el que nos permite refinar nuestra filosofía, para que produzca un verdadero cambio de vida.

La disciplina de llevar un diario también desarrolla nuestra habilidad de comunicarnos más efectivamente. Conforme más practiquemos la captura de eventos y emociones en palabras, más claramente seremos capaces de comunicar, no solamente nuestras ideas, sino también el valor intrínseco que existe en nuestro interior.

Cuando el Presidente Kennedy fue asesinado, los diarios personales de algunos de los líderes más influyentes del país capturaron los sucesos de ese triste día. Mientras el avión presidencial, Air Force One, cruzaba los cielos entre Dallas y Washington llevando el cuerpo del asesinado presidente, muchos estaban sentados en silencio, registrando en sus diarios sus impresiones de la tragedia. Fue uno de esos raros sucesos, cuando la historia fue registrada en el momento en que pasó, no producto de la especulación de historiadores en un tiempo lejano. Esta combinación de recuentos escritos, sirvió, posteriormente, como base para que William Manchester escribiera Muerte de un presidente, uno de los mejores documentos históricos jamás publicado.

La mayoría de los hombres y mujeres de éxito llevan y revisan frecuentemente sus diarios personales. Es algo natural en ellos. Parecen poseer un instinto natural que les dice que la vida que vale la pena vivir es la vida que vale la pena documentar. De hecho, el proceso de, deliberada y consistentemente, escribir diarios puede ser una de las razones principales de que hayan logrado elevarse por encima del promedio.

Son las pequeñas disciplinas las que llevan a las grandes realizaciones. Cuando la gente promedio les presta atención a las cosas importantes, su propio desarrollo hacia la grandeza es sólo una cuestión de tiempo. Tanto las pequeñas disciplinas, como los pequeños errores de juicio, tienden a acumularse: la primera, para nuestro beneficio y los segundos, en nuestro detrimento.

Ni el fracaso ni el éxito ocurren en un solo y desastroso acontecimiento. Ambos son el resultado de la acumulación de, aparentemente, pequeñas e insignificantes decisiones, cuyo peso colectivo en el transcurso de la vida le entrega al individuo su recompensa proporcional. Llevar o no un diario de vida no es indispensable para obtener el éxito; pero el uso de un diario es una importante pieza del rompecabezas de la vida llamada filosofía. Si nos olvidamos del diario, el rompecabezas nunca va a estar verdaderamente completo.

Desde luego que nuestras vidas valen más que un certificado de nacimiento, una inscripción en la tumba, y medio millón de dólares gastados en productos y servicios comprimidos entre esos dos hitos de nuestras vidas. Los diarios son las herramientas que nos permiten documentar los detalles, tanto de los fracasos como de los progresos en nuestra existencia, y en el proceso llegar a ser más de lo que de otra manera hubiéramos sido.

Rápidamente, nos estamos volviendo una nación de intelectos pasivos. El continuo olvido en que tenemos la lectura y nuestras habilidades para escribir nos está llevando hacia hábitos de pensamiento cada vez más indisciplinados. Si hay alguna duda, solo tenemos que mirar cuántos de nuestros seres queridos han caído en las drogas; cuántos de nuestros ciudadanos están involucrados en la violencia o en delitos financieros, y cuántos de nuestros niños abandonan la escuela. Malos hábitos de pensamiento, valores deficientes y decisiones pobres. Y si esta tendencia se mantiene sin control, pronto estaremos declinando al nivel de un poder de tercera clase.

No podemos volvernos una nación fuerte hasta que empiece a cambiar nuestra atención hacia los asuntos esenciales de la vida. La habilidad de establecer liderazgos más competentes en nuestro gobierno, escuelas, iglesias, negocios y comunidades yace en el valor emergente del individuo. Por eso es que cada uno de nosotros debe hacer un compromiso para desarrollar todo su potencial humano, una disciplina a la vez, un libro a la vez, una pequeña anotación en el diario a la vez. Solo mediante nuestra filosofía personal podemos cambiar, no solo nuestras propias vidas, sino las de aquellos que nos rodean.

El proceso de tomar decisiones

Cada vez que nos llega una nueva idea, nuestro subconsciente la mide y la pesa para determinar qué nivel de acción es necesario tomar respecto a ella. Aquellas ideas que quedan en lo alto de la escala reciben nuestra inmediata atención; las que quedan en la parte baja, reciben mínima o ninguna atención.

Cualquiera que sea el nivel de acción que determinemos correcto, la decisión final será tomada según nuestra filosofía. Si no hemos sido capaces de reunir el conocimiento adecuado, o si hemos fallado en refinar o agregar al conocimiento que poseemos, entonces, un significativo número de nuestras decisiones nos alejarán del éxito antes de llevarnos hacia él. Si tenemos la inclinación de gastar mucho tiempo en pequeñas cosas, o mucho dinero en estas mismas cosas, entonces, será esencial que observemos más de cerca nuestro proceso de toma de decisiones.

El mundo está lleno de personas cuyas decisiones están

destinadas a destruir sus oportunidades para el éxito. Aquellos que no trabajen desde una sólida filosofía, con frecuencia harán lo que no hubieran tenido que hacer, y no harán lo que hubieran debido hacer. Fallarán en establecer metas y prioridades. Vacilarán entre una decisión u otra. Sentirán que deben hacer algo, pero les faltará la disciplina para convertir esta conciencia mental en acción.

Todos los días están llenos de encrucijadas personales, momentos que nos llaman a tomar decisiones sobre pequeñas y grandes cosas. Es importante recordar que todas y cada una de estas elecciones que hagamos, en estos momentos de decisión, dibujan el camino que nos llevará a algún destino en el futuro. Así como la suma total de nuestras decisiones pasadas es lo que nos condujo a nuestras actuales circunstancias, las decisiones que tomemos hoy nos darán el premio o el arrepentimiento en el futuro.

Alternativas, decisiones, selecciones. Cada una nos provee la oportunidad de determinar la calidad de nuestro futuro. Y cada una exige que nos preparemos por adelantado para la decisión que se debe tomar. En estos momentos de alternativas es cuando el conocimiento que hayamos adquirido, y la filosofía que venga de ese conocimiento, nos beneficiará o destruirá.

Por esto es que es importante que nos estemos preparando permanentemente para anticipar la confrontación con estas importantes alternativas. Únicamente a través de una cuidadosa preparación mental podremos tomar decisiones sabias en forma consistente. Lo que pensamos determina lo que creemos; lo que creemos influencia lo que decidimos; lo que decidimos influencia lo que somos y lo que somos atrae lo que tenemos. Si no estamos felices con lo que las decisiones del pasado nos llevaron a ser, entonces, el lugar para empezar es con nuestro proceso de pensamiento actual.

En la medida en que agregamos nuevos conocimientos, empezamos a refinar nuestra filosofía. En la medida en que nuestras creencias cambien, igualmente lo harán nuestras decisiones. Y en la medida en que tomemos mejores decisiones, vendrán mejores resultados. El desarrollo de una sólida filosofía, nos prepara para tomar decisiones sólidas. Como un arquitecto, debemos aprender a visualizar en nuestras mentes el resultado que deseamos obtener, y luego, empezar a trabajar en la construcción de los cimientos para darle soporte a esa visión. Una vez que la visión está claramente definida, y los cimientos firmemente establecidos, las decisiones para completar las estructuras serán sabias y fáciles de tomar.

La fórmula para el fracaso

El fracaso no es un único y desastroso evento. No fracasamos de un día para otro. El fracaso es el resultado inevitable de la acumulación de pensamientos y decisiones pobres.

Para ponerlo más simple, el fracaso no es más que errores de juicio repetidos todos los días.

¿Por qué alguien cometería un error de juicio y ser tan tonto como para repetirlo todos los días?

La respuesta es: porque esa persona no piensa que eso importa.

Por sí mismos, nuestros actos diarios no parecen tener importancia. Un pequeño descuido, una mala decisión, o el desperdicio de una hora, generalmente, no tienen un impacto mensurable e instantáneo. Con más frecuencia de la que creemos, escapamos a las consecuencias inmediatas de nuestros actos.

Si no nos molestamos en leer un solo libro en los últimos noventa días, esa falta de disciplina no parece tener ningún impacto sobre nuestras vidas. Y como nada dramático nos ha ocurrido después de esos noventa días, repetimos el error en los siguientes noventa y así sucesivamente. ¿Por qué? Porque parece que no importa. Y ahí es donde yace el gran peligro. Mucho peor que no leer libros es no darnos cuenta de que ¡esto sí importa!

Aquellos que no cuidan su dieta hoy, están contribuyendo a sus futuros problemas de salud, pero el placer del momento opaca las consecuencias hacia el futuro. No parece importar mucho. Los que fuman o beben mucho siguen haciendo esto año tras año... por que no parece que importara. Pero solamente estamos postergando para el futuro el dolor y el arrepentimiento de estos errores de juicio. Las consecuencias raramente son instantáneas; en su lugar se van acumulando hasta el día en que finalmente nos cobrarán la cuenta, y tendremos que pagar por nuestro pobre criterio. Criterio que parecía no importar.

El atributo más peligroso del fracaso es su sutileza. A corto plazo, parece que estos pequeños errores no significan ninguna diferencia. No parece que vayamos a fracasar. De hecho, la acumulación de estos errores puede ocurrir en épocas de gran gozo y prosperidad en nuestras vidas. Como nada terrible nos ha pasado, como no hay consecuencias inmediatas que llamen nuestra atención, simplemente, vamos a la deriva de un día a otro, repitiendo los errores, pensando de manera equivocada, escuchando las voces, y tomando las elecciones erróneas. El cielo no se derrumbó sobre nosotros ayer, consecuentemente, lo que hicimos probablemente no era perjudicial. Como no tuvo consecuencias medibles, podemos repetir lo que hicimos sin problemas.

¡Pero deberíamos ser mucho más conscientes!

Si cuando cometimos nuestro primer error de juicio, el cielo hubiera caído sobre nosotros, no cabe duda que hubiéramos tomado, inmediatamente, los pasos necesarios para asegurarnos de nunca jamás repetir esa acción. Como el niño que puso sus manos sobre el fogón, a pesar de las advertencias de sus padres, hubiéramos tenido la experiencia inmediata que acompaña nuestro error de juicio. Desafortunadamente, el fracaso no nos advierte como lo hicieron una vez nuestros padres. Por esto es que es imperativo que refinemos nuestra filosofía, para que seamos capaces de tomar mejores decisiones. Con una filosofía personal poderosa, guiando cada uno de nuestros pasos, estaremos más conscientes de nuestros errores de juicio, y de que cada uno de ellos realmente importa.

La fórmula para el éxito

Igual que la fórmula del fracaso, la fórmula del éxito es fácil de seguir:

Unas pocas disciplinas practicadas todos los días.

Una interesante pregunta que merece ser ponderada: ¿Cómo podemos cambiar los errores en la fórmula del fracaso, por las disciplinas requeridas en la fórmula del éxito? La respuesta es: haciendo de nuestro futuro una parte importante de nuestra filosofía actual.

Tanto el éxito como el fracaso involucran importantes consecuencias en el futuro, tales como las inevitables recompensas o el resultado de arrepentirnos de nuestras actividades pasadas. Si esto es cierto, ¿Por qué no hay más gente que se tome el tiempo de ponderar su futuro? La respuesta es simple: están tan atrapados en su diario vivir, que no parece que importe. Los problemas y las recompensas de hoy son tan absorbentes para algunos seres humanos, que nunca pueden hacer una pausa suficientemente larga para pensar en el mañana.

Pero, ¿qué pasaría si desarrolláramos la disciplina de tomarnos unos minutos cada día para mirar más allá del presente? Desarrollaríamos la habilidad de anticipar las consecuencias que están a punto de ocurrir debido a nuestra conducta de hoy. Armados con esta valiosa información, seríamos capaces de tomar las acciones necesarias, para cambiar nuestros errores por acciones orientadas al éxito. En otras palabras, disciplinándonos para anticipar el futuro, podríamos cambiar nuestros pensamientos, corregir nuestros errores y desarrollar nuevos hábitos que reemplacen los viejos.

Unas pocas disciplinas practicadas todos los días

Una de las cosas más interesantes de la fórmula del éxito es que los resultados son casi inmediatos. A medida que cambiamos voluntariamente los errores diarios por disciplinas diarias, experimentamos resultados positivos en un corto periodo de tiempo. Cuando cambiamos nuestra dieta, nuestra salud mejora notablemente en unas pocas semanas. Cuando empezamos a hacer ejercicio, sentimos una nueva vitalidad casi inmediatamente. Cuando empezamos a leer, experimentamos una creciente conciencia y un nuevo nivel de auto confianza. Cualquier nueva disciplina que empecemos a practicar diariamente, producirá excitantes resultados que nos motivarán a ser aún mejores en el desarrollo de nuevas disciplinas.

La verdadera magia de las nuevas disciplinas es que ellas harán que corrijamos nuestro pensamiento. Si empezamos hoy a leer libros, llevar un diario, ir a clases, escuchar más y observar más, éste sería el primer día de una nueva vida que nos llevará a un mejor futuro. Si empezamos hoy a esforzarnos y a hacer un trabajo consciente y consistente, para cambiar los errores sutiles y fatales en disciplinas constructivas, nunca más nos conformaremos con una vida ordinaria... ¡no una vez que hayamos probado los frutos de una vida con sustancia!

Existe el tipo de personas que quieren hacernos creer que no necesitamos de disciplinas para cambiar nuestras vidas. Que lo que una persona necesita es un poquito de motivación. Pero "motivándose" no es la manera en que la gente puede cambiar su vida. Para cambiar una vida, primero debemos cambiar nuestros hábitos de pensamiento. Si una persona es tonta y la motivamos, sólo tendremos un tonto motivado.

Para cambiar de lo que somos a lo que queremos ser,

debemos empezar por esos aspectos básicos que afectan la forma en que pensamos. Podremos hacer grandes cambios en el curso de nuestras vidas, si destinamos más tiempo a esfuerzos conscientes para refinar nuestra filosofía personal.

Lo interesante es que no tendremos que cambiar tanto, para que los resultados cambien rápidamente para nosotros.

Las disciplinas tienden a multiplicarse

Todas las disciplinas inciden en las demás. Toda nueva disciplina incide no solo en la que ya hayamos empezado a practicar, sino en aquellas que pronto adoptaremos.

Todo influye sobre todo. Algunas cosas nos afectan más que otras, pero todo lo que hagamos afecta todo lo demás que estemos haciendo. No pensarlo así es ingenuo. De ahí es de donde vienen esos pequeños y sutiles errores, de no saber el efecto que nuestros errores están teniendo sobre un periodo prolongado en nuestras vidas.

Hay una tendencia en cada uno de nosotros a darnos licencia de continuar actos de indisciplina. Nos decimos a nosotros mismos: "Esto es lo único en lo que yo me permito ser débil." Pero este tipo de pensamiento es el comienzo del engaño, porque cada acto de indisciplina tiende a abrir las compuertas que llevan a romper otros eslabones en la cadena de la disciplina personal. La licencia que nos damos a nosotros mismos para ser vagos, aunque sea momentáneamente, fuera de las fronteras del autocontrol, establecen la sutil tendencia que con el paso del tiempo ocasiona la erosión de otras disciplinas que nos hayamos impuesto.

Como cada disciplina incide en todas las otras, debemos ser muy cuidadosos con todas ellas. No nos podemos dar el lujo de ser indulgentes con ningún error, un día si y otro no. Recuerde, la libertad que nos otorguemos para continuar con un error tiene un efecto en todos nuestros otros hábitos, que al mismo tiempo tienen efecto en nuestro futuro rendimiento.

Pero, aquí está el lado positivo. Cada nueva disciplina también afecta todas nuestras otras disciplinas. Y toda nueva disciplina que nos impongamos, afectará el resto de nuestro rendimiento personal.

La clave es estar siempre buscando pequeñas disciplinas que puedan ayudar a refinar nuestro pensamiento, corregir nuestros errores y mejorar los resultados. Debemos, continuamente, estar mirando aún los más insignificantes errores de juicio que podamos convertir en nuevas disciplinas. Una vez que un ciclo de disciplina se inicia, nuestros errores empiezan a sentir el efecto, dejando tangibles recompensas en la medida en que se retiran rápidamente.

El éxito y la felicidad son fáciles de obtener

Dar un paso a la vez, con relación a cada una de las cosas que son requeridas para el éxito y la felicidad, es realmente algo fácil de hacer. Cambiar errores por disciplinas es tan fácil como ir del fracaso al éxito. La razón por la que es fácil es porque podemos hacerlo, y cualquier cosa que tengamos la habilidad de hacer es siempre fácil.

Desde luego, es necesario trabajar duro en nuestras disciplinas diarias, pero con la ayuda de nuestros talentos, encontrar el éxito y sus recompensas es fácil de hacer.

Pero, si es así de fácil, ¿por qué no hay más de nosotros que lo hagan?

Porque aún siendo fácil de hacer, las cosas que el éxito y la felicidad requieren también son fáciles de no hacer.

El peligro de la negligencia

Las cosas que son fáciles de hacer, también son fáciles de no hacer. La principal razón por la cual a la gente no le va tan bien como podría irle, se puede resumir en una sola palabra: negligencia.

No es falta de dinero: los bancos están llenos de dinero. No es falta de oportunidades. Los Estados Unidos continúan ofreciendo las oportunidades más abundantes que cualquier país haya ofrecido durante los últimos seis mil años de historia. No es falta de libros: las bibliotecas están repletas de libros, ¡y son gratis! No son los colegios: las clases están llenas de buenos profesores. Tenemos ministros, líderes, consejeros y asesores.

Todo lo que podríamos necesitar para ser ricos, poderosos y sofisticados está a nuestro alcance. La razón por la cual tan pocos toman ventaja de todo lo que tenemos, es simple: negligencia.

Muchos de nosotros hemos oído aquella famosa expresión: "Una manzana al día mantiene al médico alejado." Podemos cuestionar la validez de este dicho popular; pero, ¿qué pasaría si fuera cierto? Si con el simple acto, o sea una simple disciplina, pudiéramos estar más saludables, alertas y activos a través de nuestras vidas, ¿no tendría sentido y no sería fácil comer esa manzana todos los días?

Suponiendo que el dicho es cierto, ¿por qué no hay más de nosotros que comamos una manzana al día, todos los días, para mantener nuestra salud? Si es tan fácil, y hay semejante recompensa en esta disciplina, ¿por qué no lo hacemos? Porque las cosas que son fáciles de hacer, también son fáciles de no hacer. Así de sutil es el fracaso. El fracaso es predominantemente función del desinterés. Fallamos en hacer las pequeñas cosas que debemos hacer, y estas insignificantes licencias, terminan incidiendo en las cosas que son importantes de hacer. El desinterés por las pequeñas cosas es la vía para que, con el tiempo, le pasemos por encima a las cosas importantes

La negligencia es como una infección. Si la dejamos sin control, se va a expandir por todo el sistema de disciplinas, lo que eventualmente, nos llevará al completo fracaso de una vida potencialmente llena de felicidad y prosperidad.

No hacer las cosas que sabemos que debemos hacer, nos

causa un sentimiento de culpabilidad, y la culpabilidad lleva a la erosión de la confianza en uno mismo. En la medida en que la confianza en uno mismo disminuya, igualmente lo hará el nivel de nuestra actividad. Y si nuestra actividad disminuye, nuestros resultados inevitablemente declinarán. Y si los resultados sufren, nuestra actitud empieza a debilitarse. Y, cuando nuestra actitud empieza lentamente a cambiar de positivo a negativo, nuestra confianza en nosotros mismos disminuye aún más... y así sucesivamente. No hacer las cosas que podemos y debemos hacer, resultará en la creación de una espiral negativa, que una vez que empieza, es muy difícil de detener.

Aprender a escuchar la voz correcta

¿Por qué estamos tan frecuentemente inclinados a hacer las cosas que son menos importantes, y somos tan reacios a hacer las cosas esenciales que nuestro éxito y felicidad demandan? ¿Qué es esa voz que nos dice al oído: "Déjelo así. ¿Por qué preocuparse de todo este asunto de las disciplinas?"? Es la voz de la negatividad, Una voz que se ha vuelto más fuerte a través de los años, como resultado de estar rodeada de malas influencias, pensamientos equivocados, desarrollo de la filosofía equivocada y errores en la toma de decisiones.

Parte de la solución para acallar la voz de la negatividad es aprender a escuchar la tímida voz del éxito, que reside dentro de cada uno de nosotros. La voz del éxito está constantemente luchando para ser oída por encima de los gritos de la voz del fracaso. Nuestra libertad nos permite elegir qué voz queremos oír. Cada vez que sucumbimos ante la voz del lado oscuro de la vida, y somos persuadidos de repetir errores, en lugar de manejar nuevas disciplinas, la voz de la negatividad se hace más fuerte. Al contrario, cada vez que escuchamos la insistente voz del éxito, y nos convencemos de apagar la televisión y tomar un libro, de abrir nuestro diario y escribir nuestros pensamientos, o de estar un momento tranquilo, ponderando hacia dónde nos están llevando nuestras acciones, la voz del éxito responde a estas nuevas disciplinas, desarrollando y fortaleciendo su volumen cada día que pasa. Por cada nueva disciplina, otro paso adelante.

Nunca podemos erradicar totalmente la voz del fracaso dentro de nosotros. Siempre estará allí, urgiéndonos a pensar, sentir y actuar en forma contraria a nuestros mejores intereses. Pero, podemos silenciar, efectivamente, esta destructiva influencia mediante el desarrollo de una sólida filosofía, y una actitud positiva sobre nuestra vida y nuestro futuro.

La creación de una nueva filosofía es fácil de lograr. Tomar nuevas y mejores decisiones es fácil. Desarrollar una nueva actitud es fácil de hacer. Todas las cosas que merecen la pena, que nos darán recompensas, y que hemos cubierto en este capítulo, son fáciles de hacer. Pero, el mayor desafío, el que nos puede dejar con centavos en lugar de una fortuna, y baratijas en lugar de tesoros, es también lo fácil que es no hacerlas.

Debemos mantener un ojo avizor sobre las diferencias sutiles entre el éxito y el fracaso; y estar muy conscientes de los aspectos internos que nos hacen repetir costosos errores, en lugar de desarrollar nuevas disciplinas.

Cada uno de nosotros debe tomar sus propias decisiones conscientes para alcanzar una buena vida a través del refinamiento de nuestros pensamientos, y del examen cuidadoso de las potenciales consecuencias de nuestros errores acumulados. No debemos permitirnos pensar que los errores no importan. Sí importan. No debemos permitirnos suponer que la falta de disciplina en una pequeña área de nuestras vidas no marcará la diferencia. Lo hará, y no debemos permitirnos creer que podemos obtener todo lo que queremos tener y ser, si no hacemos los cambios necesarios sobre la forma en que pensamos de la vida. Debemos hacerlo.

El viaje hacia una buena vida comienza con un serio compromiso de cambiar cada aspecto de nuestra actual filosofía que tiene la capacidad de interponerse entre nosotros y nuestros sueños. Las piezas restantes de nuestro rompecabezas de la vida pueden quedar sin valor si no hemos tomado, primero, la firme resolución de hacer algo con esta pieza del rompecabezas.

Todo está a nuestro alcance: si leemos libros, escribimos nuestro diario, practicamos la disciplina y emprendemos una vigorosa batalla contra la negligencia. Estas son algunas de las actividades fundamentales que nos llevan no sólo a desarrollar una nueva filosofía de vida, sino a una nueva vida llena de felicidad y logros. Cada actividad nueva y positiva debilita la posibilidad de fallar y nos acerca al destino que escogemos. Cada nuevo paso disciplinado hacia el éxito fortalece nuestra postura filosófica y aumenta nuestras oportunidades de lograr una vida bien balanceada. Pero el primer paso para alcanzar ese valioso logro reside en volvernos jefes de nuestro barco y en capitanes de nuestra alma desarrollando una sana filosofía personal.

CAPÍTULO DOS

ACTITUD

Nuestras vidas son influenciadas en gran medida por lo que conocemos, dado que lo que conocemos determina las decisiones que tomamos.

Así como nos afecta lo que conocemos, nos afecta cómo nos sentimos.

Mientras la filosofía trabaja esencialmente con la parte lógica de la vida, con información y hábitos de pensamiento, la actitud se centra, principalmente, en los asuntos emocionales que afectan nuestra existencia. Lo que conocemos determina nuestra filosofía. Lo que sentimos acerca de lo que conocemos determina nuestra actitud.

Es nuestra naturaleza emocional la que gobierna nuestra conducta diaria, en nuestro mundo personal y de trabajo. Es el aspecto emocional de nuestras experiencias, lo que determina nuestro comportamiento. Lo que siente cada uno con los eventos de la vida, es una fuerza poderosa que puede paralizarnos o inspirarnos para tomar acción inmediata en cualquier día determinado.

Como los pensamientos, las emociones tienen la capacidad de lanzarnos hacia un futuro afortunado o hacia un desastre. Todos los sentimientos acumulados que tenemos sobre la gente, nuestro trabajo, nuestro hogar, nuestras finanzas y el mundo que nos rodea, forman nuestra actitud. Con una actitud correcta, el ser humano puede mover montañas. Con una actitud errada, puede ser aplastado por el más pequeño grano de arena.

Tener una actitud correcta es un requisito esencial para el éxito y la felicidad. Una actitud correcta es una de las cosas fundamentales para una buena vida. Por eso es que debemos estar, constantemente, examinando nuestros sentimientos acerca de nuestro papel en el mundo, y nuestras posibilidades de lograr nuestros sueños. Los sentimientos que tenemos afectan nuestra actitud actual; y es esta actitud la que determina la calidad de nuestra vida.

La actitud es un factor determinante en el rumbo de nuestras vidas. Puesto que todo en la vida afecta todo lo demás, debemos hacer un cuidadoso estudio de cada cosa y de cada persona, que puede estar afectando negativamente nuestra actitud actual.

El pasado

Tener una actitud saludable y madura sobre el pasado, puede significar una gran diferencia en la vida de cualquier persona. Una de las mejores formas de abordar el pasado es usarlo como una escuela, no como un arma. No debemos pelear a muerte con los errores pasados, las faltas, los fracasos y las pérdidas. Los sucesos del pasado, buenos y malos, son parte de una experiencia de vida. Para algunos, el pasado puede haber sido una cruel enseñanza. Pero recordemos que debemos dejar que el pasado nos eduque y le dé el valor de su experiencia a nuestras vidas. Es fácil dejar que el pasado nos abrume. Pero, la buena noticia es, que también es fácil permitir que el pasado nos instruya e incremente nuestro valor.

Parte del milagro de nuestro futuro reside en el pasado. Las lecciones pasadas, los errores pasados, los éxitos pasados. Las experiencias colectivas de todo lo que nos ha pasado, pueden ser nuestros maestros o nuestros sirvientes. Por esto es que es tan importante reunir las lecciones del pasado e invertirlas en el futuro. Si podemos lograr este enfoque inteligente del pasado, podemos cambiar dramáticamente nuestro rumbo en los próximos doce meses. Cada uno de nosotros estará en algún lugar en los próximos doce meses, pero la pregunta que debemos hacernos es ¿dónde?

Desarrollar una nueva filosofía acerca del pasado, es la clave para cambiar nuestra actitud actual. Hasta que no aceptemos, finalmente, que no podemos hacer nada para cambiar nuestro pasado, nuestros sentimientos de pena, remordimiento y amargura nos impedirán diseñar un futuro mejor con las oportunidades que están hoy delante de nosotros.

Qué tan efectivamente usemos el presente, está en gran parte determinado por nuestra actitud acerca del pasado. Hasta que no corrijamos nuestra filosofía, no podemos reparar nuestra actitud. Y si no podemos reparar nuestra actitud, nuestro futuro se llenará con las mismas sensaciones de pena, remordimiento y amargura que tenemos en nuestra garganta hoy. No podemos avanzar hacia un futuro más brillante hasta que no cerremos la puerta a la oscuridad del pasado.

El presente

El momento actual es donde comienza nuestro mejor futuro. El pasado nos dejó una riqueza de recuerdos y experiencias, y el presente nos da la oportunidad de usarlas sabiamente.

El presente nos da la oportunidad de crear un futuro apasionante. Pero la promesa del futuro nos exige pagar un precio en el presente. La oportunidad del momento actual debe ser aprovechada, o si no, la recompensa del futuro será rechazada.

Nuestras metas y ambiciones del pasado, nos traen recompensas en el presente. Si nuestras recompensas actuales son pequeñas, quiere decir que nuestros esfuerzos pasados fueron pequeños. Y, si nuestro esfuerzo actual es pequeño, la recompensa futura será también pequeña.

Hoy nos trae a cada uno 1,440 minutos; 86,400 tic-tacs del reloj. Todos los pobres y los ricos tenemos las mismas 24 horas de oportunidad. El tiempo no favorece a nadie, simplemente dice: "Aquí estoy. ¿Qué van a hacer conmigo?". Qué tan bien usemos el día es en gran parte una actitud. Con la actitud correcta, podemos tomar este día y colocarlo como nuestro punto de partida, para un nuevo comienzo. En el día de hoy, no tenemos que preocuparnos por los errores de ayer, ni los remordimientos de mañana. Simplemente, ofrece el mismo regalo precioso: otras 24 horas de esperanza que usaremos sabiamente.

La mayor oportunidad que brinda el día de hoy es la oportunidad de comenzar el proceso de cambio. Hoy, el presente, es el momento para inaugurar el poder de una nueva voz. Tiene que ser un cambio de mentalidad, una nueva actitud respecto a lo que somos, quiénes somos, qué queremos y qué es lo que vamos a hacer. Hoy puede ser un día exactamente igual al de ayer, al día anterior y al anterior.....es todo cuestión de actitud.

El futuro

Nuestra actitud hacia el futuro es también de gran importancia. En su clásico libro Lessons of History (Lecciones de Historia), Will y Ariel Durant escribieron:

"Para poder aceptar lo que es, debemos recordar lo que fue, y soñar sobre cómo las cosas deberán ser algún día."

Nuestra actitud hacia el futuro depende de nuestra habilidad para ver ese futuro. Cada uno de nosotros tenemos la capacidad de soñar, diseñar y experimentar el futuro, a través del poder de imaginación de nuestros ojos internos. Cualquier cosa que la mente sea capaz de imaginar, también tiene la habilidad de crearla.

Así como el cuerpo sabe instintivamente cómo realizar el milagro de la salud, también instintivamente la mente sabe cómo realizar el milagro de la riqueza.

Todas las cosas deben ser terminadas antes de que sean empezadas

Todo lo que vemos alrededor nuestro fue finalizado en la mente de su creador antes de empezar. Las casas en que vivimos, los autos que conducimos, nuestra ropa, nuestros muebles, todas estas cosas empezaron con una idea. Cada idea fue después estudiada, refinada, perfeccionada, mentalmente o en el papel, antes de que el primer clavo fuera martillado o la primera pieza de tela fuera cortada. Mucho antes de que la idea fuera convertida en una realidad física, la mente había visualizado claramente el producto final.

La mente humana diseña su propio futuro, básicamente, a través del mismo proceso. Empezamos con una idea de lo que el futuro será. Durante un periodo de tiempo, refinamos y perfeccionamos la visión, y antes de que nos demos cuenta, todos nuestros pensamientos, decisiones y actividades están trabajando en armonía, para hacer realidad lo que mentalmente visualizamos respecto al futuro.

Por esto es que es tan importante tener lo actitud correcta sobre las circunstancias pasadas y presentes. Cuando tenemos una actitud saludable hacia el pasado, con pensamientos constructivos sobre nosotros y las oportunidades que se nos presentan hoy, el subconsciente nos guía hacia el logro de nuestros sueños. Sin embargo, cuando estamos llenos de remordimientos respecto al pasado y preocupaciones sobre el presente, nuestro subconsciente nos llevará hacia un futuro, que será muy parecido al pasado que recién dejamos atrás.

Los pensamientos y sentimientos que nos permitamos tener hoy son cruciales, porque ellos contribuyen a nuestro futuro. Lo que ese futuro traiga será, simplemente, el reflejo de nuestra filosofía y actitud hacia la vida.

Diseñando un futuro mejor

Hay una magia emocional muy especial que sucede cuando diseñamos el futuro y establecemos metas, con propósitos específicos en mente.

En la medida en que a través de nuestros ojos internos, podamos ver nuestro futuro claramente, experimentaremos un nivel de emoción, anticipándonos al día en que esos sueños se conviertan en realidad. Cuanto más clara sea nuestra visión del futuro, más podremos “pedir prestado” de su inspiración. Esta inspiración prestada se reflejará en nuestras conversaciones, nuestro nivel de energía, nuestras relaciones y nuestra actitud. Cuanto más entusiasmados estemos con nuestros sueños del futuro, más fácil será el desarrollo de las disciplinas necesarias y del refinamiento de nuestra filosofía. En otras palabras, nuestros sueños nos inspirarán para pensar, actuar, sentirnos y convertirnos, exactamente, en la clase de persona que debemos ser para realizar nuestros sueños.

Si somos suficientemente inteligentes para convertir en ganancias nuestras experiencias del pasado, y suficientemente sabios para “pedir prestado” del entusiasmo e inspiración del futuro; cuando claramente visualicemos ese futuro en nuestros “ojos internos”, entonces, las experiencias pasadas y el entusiasmo por el futuro serán nuestros servidores en el presente. El producto final que imaginemos nos guiará en nuestros esfuerzos presentes, haciendo que la obtención de un mejor futuro, sea una conclusión inevitable. Seremos arrastrados hacia el futuro y guiados por el pasado, porque hemos elegido tomar acciones inteligentes en el presente.

La habilidad única que tenemos que aprender de nuestras experiencias pasadas y prestar inspiración del futuro, es una fuerza increíble. Y la buena noticia es: ¡cualquiera puede hacerlo! Todos tenemos la capacidad de diseñar el futuro por adelantado, de tal manera que, cuando el nuevo día llegue, es más de lo que debería ser, simplemente porque usamos parte de nuestro pasado y parte de nuestro futuro para crearlo.

El poder del futuro es una maravillosa fuerza. Lo que puede ser tiene el poder de conducirnos a hacer todo lo que podemos hacer.

El futuro siempre tiene su propio precio

La promesa del futuro no es gratis. Hay un precio que debemos pagar por cualquier recompensa futura. El futuro exige de nosotros: disciplina, trabajo, constancia y un ardiente deseo de hacer que el futuro sea mejor que el pasado o el presente. Estos son los precios del progreso; pero, el precio es bajo cuando la promesa es clara. Cuando el fin es atractivo, empezamos a estar totalmente interesados en los medios para conseguirlo. Debemos ver y querer la promesa con insaciable deseo, o de lo contrario, el precio requerido será muy alto, y volveremos a caer donde una vez estuvimos.

Si somos sinceros respecto a querer una mejor vida, debemos preguntarnos qué vemos en nuestro futuro, que pueda encender la llama de nuestra confianza y entusiasmo. ¿Qué tanto de ese futuro que vemos y creemos en lo profundo de nuestras almas, queremos lograr? ¿Está suficientemente claro en nuestras mentes y corazones, para sacarnos de la cama en la mañana y mantenernos despiertos hasta tarde en la noche? ¿Estamos tan seguros del objetivo seleccionado, que podemos superar cualquier obstáculo o desilusión? ¿En nuestro deseo de producir un cambio en nosotros, estamos totalmente preparados para enfrentar cualquier desafío que la vida nos presente?

No es posible evolucionar, casualmente, hacia un futuro mejor. No podemos perseguir, casualmente, la meta que nos hayamos fijado. Una meta que perseguimos casualmente no es una meta; en el mejor de los casos es un deseo, y los deseos son un poquito más que una falsa ilusión. Los deseos son la anestesia usada para la falta de ambición. Son un narcótico que adormece la conciencia y su propia, desesperada, condición.

Es posible planificar nuestro futuro tan cuidadosa y claramente, que cuando el plan esté completo, estaremos tan inspirados por él que se volverá nuestra "magnífica obsesión".

El desafío es dejar que esta obsesión encienda el fuego de nuestro talento y habilidades, hasta el punto que podamos ser impulsados hacia un futuro totalmente nuevo.

En la medida en que seamos serios respecto al diseño de nuestro futuro, inmediatamente obtendremos un beneficio emocional. ¡El futuro es emocionante! Mientras más claro lo veamos, y más nítidamente sintamos su promesa, más positiva se volverá nuestra actitud para alcanzar los sueños.

Es esta nueva actitud la que nos dará una renovada ambición por el progreso y la fe, que realmente puede mover montañas.

No podemos tener éxito nosotros solos

Todo el mundo necesita de otras personas para obtener sus sueños. Todos nos necesitamos. En el mundo de los negocios, necesitamos los mercados y las ideas de otros. En el mundo personal necesitamos la inspiración y la cooperación de otros. La actitud de otras personas nos afecta a cada uno de nosotros; y la actitud de cada uno de nosotros tiene la capacidad de afectarnos a todos.

El Juramento de Lealtad a la Bandera Americana y las treinta y una palabras que repetimos como expresión de lealtad, comienza con "yo" y concluye con "todos". Esto es lo que son los Estados Unidos: usted y yo trabajando juntos para crear grandeza. En nuestra búsqueda del sueño americano entre todos nos influenciamos y quedamos afectados en forma excepcional.

Nos convertimos en una fuerza poderosa cuando cada uno de nosotros entiende el poder de todos; y cuando todos entendemos el valor que tiene cada uno.

¿Qué es lo que todos nosotros hacemos? Las cosas más increíbles. Podemos ir a la luna y más allá. Podemos resolver los misterios de las enfermedades, disminuir la hambruna y el sufrimiento, aumentar el número y la calidad de las oportunidades disponibles, crear lo que todavía no existe para mejorar la condición de toda la humanidad. Podemos llevar paz donde una vez hubo guerra, y amistad donde una vez predominó la animosidad. Podemos explorar los cielos, examinar la profundidad de los océanos e investigar la ilimitada capacidad y creatividad de la mente humana. Nada está más allá de nuestra imaginación; y la imaginación es el punto de partida de todo progreso.

La contribución de todos nosotros es muy importante para cada uno. Todos nosotros, en la empresa, en la iglesia, en la familia, en la comunidad y en el salón de clases: estamos intrincadamente interconectados.

Nuestra actitud sobre esta interconexión de cada uno hacia todos y de todos hacia cada uno tiene una enorme influencia en nuestro futuro. Como John Donne escribió una vez.

"Ningún hombre es una isla, como si fuera un todo; todos los hombres somos una pieza del continente, una parte del todo... La muerte de cualquier hombre me disminuye a mí, porque estoy involucrado con la humanidad; por lo tanto, nunca me pidan averiguar por quién doblan las campanas; doblan por ti."

Apreciar el propio valor es el comienzo del progreso

¿Qué pasaría si todos pusiéramos nuestras mentes a trabajar, leer libros, tomar clases y descubrir nuevas vías para refinar nuestra filosofía? ¿Qué pasaría si todos desarrolláramos una nueva actitud sobre el pasado, el presente y el futuro? ¿Qué pasaría si todos cambiáramos nuestros sentimientos sobre la importancia de los demás y de cada individuo para nuestro destino colectivo? ¡Si hiciéramos todo esto, imagine el increíble efecto que podría tener en nuestro futuro!

Lo más apasionante es que cada uno de nosotros tiene suficiente poder mental, espiritual, intelectual y creativo para hacer todo lo que soñamos que se puede hacer. ¡Todos lo tenemos! Solamente tenemos que estar más conscientes de lo que tenemos, dedicar más tiempo a refinar lo que ya somos, y ponerlo a trabajar para nosotros.

Lo que nos detiene para reconocer nuestros propios dones y

talentos, es una actitud pobre sobre nosotros mismos. ¿Por qué somos tan rápidos en ver el valor en otros y tan reacios en ver el valor en nosotros mismos? ¿Por qué estamos siempre listos a aplaudir los logros de alguien más y somos tan tímidos al reconocer los propios?

Cómo nos sentimos sobre nosotros mismos es un asunto de elección

Cómo nos vemos a nosotros mismos es un asunto de elección, no de circunstancias, y el factor determinante en cómo nos sentimos sobre nosotros mismos, está en nuestra filosofía personal.

Si les preguntamos a algunas personas por qué sienten lo que sienten sobre algunos asuntos, probablemente descubriríamos que la razón por la que se sienten así, es porque realmente no saben mucho sobre estos asuntos. Como les falta la información, llegan a conclusiones basados en fragmentos de información. Con su conocimiento limitado, frecuentemente, toman decisiones pobres sobre cómo son las cosas. Si tuvieran mejores conocimientos, pensarían mejor. En otras palabras, tendrían la posibilidad de llegar a mejores conclusiones, simplemente, aumentando sus conocimientos.

Ésta es otra parte de la ecuación: Si tuvieran más conocimientos, se sentirían mejor. ¿Por qué se sentirían mejor? Porque empezarían a tomar mejores decisiones y con estas mejores decisiones, empezarían a hacer mejores selecciones, las cuales les producirían mejores resultados.

Nuestra actitud se forma por las decisiones y las elecciones que hayamos hecho, basados en el conocimiento que hayamos adquirido. Imagine al artista que quiere hacer una obra de arte, pero que sólo tiene unos pocos colores en su paleta. Él puede tener el deseo de crear una obra de arte, pero le falta la variedad de colores que una verdadera obra de arte necesitaría. Esto es lo que les pasa a los seres humanos cuando el conocimiento es limitado. Les faltan "los colores mentales" con los cuales crear la obra completa.

Si hay un área en el conocimiento donde no nos podemos dar el lujo de tener carencias, es en el conocimiento y la conciencia de nuestra propia singularidad. No nos sentimos mejor sobre nosotros mismos por la simple razón de que no nos conocemos. Porque si verdaderamente conociéramos nuestras fortalezas, habilidades, recursos, profundidad de sentimientos, sentido del humor y nuestros propios logros, nunca más dudaríamos de nuestra capacidad de crear un futuro mejor.

Cada uno de nosotros es único. No hay nadie en el mundo que sea igual a nosotros. Somos los únicos que podemos hacer cosas especiales. Y lo que hacemos es especial. Puede ser que no ganemos grandes premios o reconocimiento público por nuestras obras, pero estas obras hacen del mundo un mejor lugar. Hacemos nuestras familias más fuertes, nuestras oficinas más eficientes y nuestras comunidades más prósperas porque somos lo que somos.

Cambiando lo que sentimos sobre nosotros, empezamos el desarrollo de la nueva filosofía sobre el valor de cada ser humano, ¡incluidos nosotros! La mayoría estamos tan ocupados viviendo nuestras vidas, que nunca hacemos una pausa para apreciar lo que hemos hecho en un día determinado. No nos apreciamos, simplemente, porque no tenemos conciencia de nosotros mismos. El auto-conocimiento es una parte crítica del rompecabezas de la vida. En la medida en que aprendemos más sobre lo que somos, empezamos a tomar mejores decisiones y elecciones para nosotros y sobre nosotros. Como ya lo hemos sugerido, en la medida en que nuestras elecciones mejoren, también lo harán nuestros resultados; y al mejorar nuestros resultados, también mejorará nuestra actitud.

Cómo nos sentimos está influenciado por nuestras asociaciones

Las personas que seleccionamos para relacionarnos son la fuente más importante de lo que sabemos y de cómo nos sentimos.

Hay tres preguntas importantes que aquellos que buscan una mejor vida deben hacerse constantemente:

PREGUNTA #1: ¿Qué personas frecuento?

Vale la pena hacer un pequeño sondeo de vez en cuando entre aquella gente que toca nuestras vidas diariamente, y sopesar, mentalmente, el efecto que estas personas de nuestro círculo tienen en nosotros. ¿Qué reputación tienen ellos con los que son productivos, conocedores y respetados? ¿Qué nivel de logros tienen en su propio pasado? ¿Cuál es la profundidad de su conocimiento? ¿Entienden el valor y la importancia de la actitud, metas y desarrollo personal? ¿Cuántos libros han leído en los últimos noventa días? ¿A cuántas clases o seminarios han asistido para desarrollar nuevas habilidades o refinar las actuales? ¿Cómo miran los valores y virtudes, tales como: compromiso, persistencia, justicia, paciencia y diligencia? ¿Qué hay en ellos que hacen valiosos su consejo, opinión y asesoría?

Ojalá que su círculo íntimo no esté compuesto por personas cuyas principales cualidades sean una colección ilimitada de chistes y una variedad de opiniones distorsionadas.

Aquellos con los que tengamos contacto a diario, nos deberían inspirar, y no esparcir la semilla de la duda y la discordia con su pesimismo, quejas y ridiculización de otros. Mantener una actitud positiva frente a los cambios de la vida, es suficientemente difícil sin esta clase de influencia en la vida.

PREGUNTA #2: ¿Qué efecto están teniendo?

Esta es una pregunta legítima. ¿Hacia dónde nos están llevando? ¿De qué nos están haciendo hablar? ¿Qué nos están haciendo pensar, leer y hacer? ¿Qué influencia están teniendo sobre nuestra habilidad de tener un buen rendimiento, desarrollarnos y sentirnos bien sobre lo que estamos haciendo? Y lo más importante de todo: ¿en qué nos están convirtiendo?

Es fácil dejar que la gente equivocada se deslice dentro de nuestras vidas. Y es por esto que tenemos que observar de cerca a nuestro círculo de influencia. Tenemos que asegurarnos frecuentemente de que las voces equivocadas no hayan invadido nuestro jardín de oportunidades, sembrando semillas de negatividad y duda.

Siendo este asunto tan delicado, es probable que todos tengamos algunos amigos cercanos, cuyas actitudes y hábitos sean dañinos para nuestras posibilidades de éxito y felicidad. Pueden ser buenas personas, con las mejores intenciones, pero si su efecto es negativo, entonces, tendremos que hacer algunas elecciones difíciles. En un esfuerzo para protegernos de las influencias negativas, nos podremos ver forzados a alejarnos de gente que hemos conocido por muchos años, para desarrollar amistades más positivas y motivadoras.

PREGUNTA #3: ¿Es eso aceptable?

Reevaluar nuestras asociaciones puede ser un asunto difícil. El proceso con frecuencia es doloroso, pero, igualmente, lo son las consecuencias de permitir a otras personas ejercer una mala influencia sobre nosotros.

Algunas veces es útil recordar que no es solamente nuestra actitud la que estamos tratando de proteger y nutrir, sino, también, el futuro y bienestar de los demás. Si somos fuertes, podemos ayudar a otros a cambiar y mejorar sus vidas. Si no lo somos, la influencia de ciertas personas dificultará nuestro progreso o lo hará imposible.

Con el objetivo de proteger nuestro futuro, debemos tener el coraje de separarnos cada vez que sea necesario. Seguramente, no sea una elección fácil, pero sí necesaria. Todos podemos descuidarnos y dejar que las personas, oportunidades y pensamientos equivocados encuentren una vía para entrar en nuestras vidas. La clave es aprender a reconocer el efecto, y dar los pasos necesarios para minimizar o eliminar la fuente.

¿Por qué tomar acciones tan drásticas? Porque la influencia negativa es muy poderosa y amenazante. Nunca subestime el poder de la influencia. La razón por la cual la influencia es tan poderosa, es porque tiene la capacidad de cambiarnos; y el cambio puede ser muy difícil de revertir, particularmente si hemos empeorado.

Así como el fracaso, la influencia es sutil. Nunca debemos permitir a alguien que nos saque, deliberadamente, del camino que nos hemos fijado. Pero, si no tenemos cuidado, podría ser que inadvertidamente le permitiéramos a alguien empujarnos un poco, cada día, en la dirección errada. Incluso, es posible que pensemos que la persona que nos está empujando es un amigo.

Un empujón aquí, un empujón allá, y a medida que pasa el tiempo, nos encontraremos mirando alrededor y diciendo: ¿Qué estoy haciendo aquí? ¡Aquí no es donde yo quería estar! Podremos desgastarnos semanas o meses o aún, años, solamente tratando de volver a nuestro camino, en el que pensábamos que estábamos, antes de que nuestro insistente amigo viniera a destruir sutilmente nuestro futuro con su poder de influencia.

La separación no es algo para ser tratado ligeramente. Debe ser hecho cuidadosa y estudiadamente. Pero, si somos sinceros sobre el cambio y el diseño de un mejor futuro, estamos obligados a distanciarnos de aquellos que están teniendo un efecto negativo en nosotros. El precio de no hacerlo es, simplemente, enorme.

El valor de una relación limitada

Otra opción para proteger nuestra actitud es una relación limitada. No podemos evitar hablar con nuestros compañeros de trabajo, o rechazar la visita de algunos parientes por el resto de nuestra vida. Pero, podemos limitar el tiempo que pasamos con esas personas; y, haciendo esto, limitamos su habilidad para influenciarnos.

Hay algunas personas con las que podemos estar unos pocos minutos, pero no unas pocas horas. Hay algunas personas con las que podemos pasar unas pocas horas, pero no unos días. No cuando el logro de nuestros sueños está comprometido.

Excesiva influencia es indebida influencia. Algunas veces podemos evitar terminar una relación con un amigo, cuya influencia negativa nos esté afectando, limitando el tiempo que pasemos con él. Pero, debemos ser cuidadosos aún con la asociación limitada. Las influencias ocasionales son muy sutiles, porque pueden tener un efecto acumulativo que es difícil de ver. Debemos recordar siempre que el fracaso es la lenta e imperceptible acumulación de errores pequeños en el diario vivir, sobre un prolongado período de tiempo.

En nuestro mundo personal y de trabajo, cerca del ochenta por ciento de la gente con la que nos asociamos, la vasta mayoría, representa, únicamente, un veinte por ciento de los resultados. Por el contrario, cerca del veinte por ciento, la minoría, producirá el ochenta por ciento de los buenos resultados. Y aquí tenemos una extraña, pero valiosa reflexión, que va junto con este interesante hecho: este grupo del ochenta por ciento (que sólo produce el veinte por ciento de los buenos resultados), tratará de capturar el ochenta por ciento de nuestro tiempo; mientras que el veinte por ciento (que produce el ochenta por ciento de los buenos resultados), recibirá solamente el veinte por ciento de nuestro tiempo.

El desafío está claro. Debemos disciplinarnos para emplear el ochenta por ciento de nuestro tiempo, con ese veinte por ciento que nos está ayudando a producir el ochenta por ciento del resultado; y el veinte por ciento de nuestro tiempo, con el restante ochenta por ciento, que solamente produce el veinte por ciento de los resultados. Esta no es una tarea fácil. Frecuentemente, los que están en el grupo más grande son maestros en el arte de acaparar el tiempo de aquellos que luchan por hacerlo bien. Tienen la capacidad, si no tenemos cuidado, de robarnos por lo menos el ochenta por ciento de nuestro valioso tiempo. Si les dejamos hacerlo, serán como el camello que escarba con su nariz debajo de la carpa. Dejar sin control el camello, lentamente permitirá su entrada dentro de la carpa, y pronto nos encontraremos nosotros mismos afuera.

Aquellos que buscan fortuna y felicidad deben estar conscientes de cómo opera ese grupo del ochenta por ciento. La mayoría son buenas personas, pero están atrapados en el cómo lograr el éxito, y no se han dado cuenta de la importancia del por qué hacerlo. No saben que las razones vienen primero y las respuestas después. No han descubierto que cuando la mente humana se centra en una obsesión personal, no se necesita un libro de instrucciones, o un entrenamiento, sobre cómo sacar ventaja de la oportunidad.

En este mundo de oportunidades mezcladas con desafíos, están esas personas que quieren saber para poder ver; y aquellas que piensan que ven aunque todavía no saben.

Están aquellos en la gran multitud para quienes la preocupación por el progreso y el desarrollo personal ha sido relegada al olvido. Si fuéramos suficientemente afortunados de descubrir oro, y pensáramos en unos pocos amigos con quienes quisiéramos compartir este descubrimiento, algunos nos desilusionarían.

Si pidiéramos su ayuda en el trabajo a cambio de parte de la fortuna, algunos encontrarían problemas en los términos de la oferta.

Algunos protestarían por las astillas que se desprenden de

las palas y de las ampollas que les produciría el trabajo.

Unos se quejarían de la distancia entre la comodidad de sus casas y el sitio de la mina de oro. Otros lo harían respecto a los impuestos que habría que pagar y lo injustos que son.

Otros, incluso, se quejarían porque alguien más estaría obteniendo una mejor parte del tesoro.

Y, finalmente, otros nos condenarían por mostrar favoritismo hacia algunos amigos.

El crecimiento personal no siempre es un asunto fácil; pero los peores días experimentados por aquellos que dedicaron su atención al desarrollo personal serán mejores que los mejores días de aquellos que no lo hicieron.

No debemos demorar nuestro compromiso de encontrar nuestra propia "mina de oro" simplemente porque la opinión de los otros, a quienes damos valor y merecen nuestra amistad, destruyen nuestra actitud y confianza en nosotros mismos, robándose nuestro espíritu y ahogando nuestro deseo. Estamos obligados a limitar o eliminar las malas influencias de estas personas que tienen efectos negativos en nosotros. De otra manera, estamos arriesgando nuestra propia visión, debido al pesimismo de aquellos que no comparten nuestro deseo de experimentar una mejor vida.

El valor de expandir las relaciones

Otra elección que tenemos que hacer sobre nuestras asociaciones y su potencial impacto en nuestros sentimientos, es expandir las relaciones. Muy sencillamente, esto significa encontrar gente que tenga valores, y arreglar nuestras vidas de manera que podamos dedicarles más tiempo.

Incluso con una pequeña cantidad de tiempo podemos marcar la diferencia cuando lo dedicamos a la gente adecuada: gente que educa, estimula, inspira y nos ayuda a movernos en la dirección correcta.

Es mejor dedicar poco tiempo a las personas adecuadas, que mucho tiempo a las equivocadas. Expandiendo nuestras relaciones para incluir más personas correctas, y cerrando las puertas para excluir o limitar a las equivocadas, nos ponemos en una mejor posición respecto a las fuentes de influencia.

Nuevas y mejores fuentes de influencia

Las fuentes de nuevas ideas e información, que pueden tener un dramático impacto en nuestra actitud, están al alcance de todos. La información requerida para el éxito puede venir de variadas fuentes. La información está alrededor nuestro; es solo cuestión de empezar a buscarla.

Aun si no podemos rodearnos de la gente correcta, siempre tendremos acceso a ellos a través de su palabra hablada. Hay una cantidad enorme de información e inspiración disponible para todos a través de CD con audio. Estos programas nos dan nuevas reflexiones, en cuanto a: fijación de metas, actitud hacia el desarrollo, manejo del tiempo, habilidades de liderazgo, gerencia financiera y otra cantidad de importantes temas. Escuchando estas voces de inspiración, cuando manejamos hacia o desde el trabajo, encontraremos las nuevas semillas del progreso que al entrar en nuestras mentes nos hacen tener nuevos y más constructivos pensamientos. Las voces de las grabaciones traerán mucho más bienestar a nuestras vidas que aquellas que escuchamos normalmente en la radio.

Para que sean efectivas, estos audios deben ser usados repetidamente.

Para darle a estas voces la oportunidad de influenciarnos, sus mensajes deben ser escuchados una y otra vez. La repetición es la madre de la habilidad.

Encontrar nuevas voces que nos inspiren no es un asunto de destreza o suerte, es una cuestión de actitud. Es el estudiante quien debe buscar el maestro, porque es muy raro que una buena idea nos llegue espontáneamente. El éxito se mueve hacia aquellos que buscan el progreso, no hacia aquellos que necesitan o quieren sus recompensas.

La actitud es todo

El proceso de cambio en el ser humano empieza dentro de nosotros. Todos tenemos un enorme potencial. Todos deseamos buenos resultados de nuestros esfuerzos. La mayoría estamos dispuestos a trabajar duro y a pagar el precio que el éxito y la felicidad demandan.

Cada uno de nosotros tiene la habilidad de poner su singular potencial humano en acción, para obtener el resultado deseado. Pero lo que determina el nivel de nuestro potencial, produce la intensidad de nuestra actividad y predice la calidad del resultado es nuestra actitud.

La actitud determina cuánto podemos ver del futuro. Decide el tamaño de nuestros sueños y las influencias que determinan cómo enfrentaremos los nuevos desafíos. Ninguna otra persona en la tierra tiene dominio sobre nuestra actitud. La gente puede influir sobre nuestra actitud, enseñándonos hábitos deficientes de pensamiento, o malinformándonos sin intención, o proveyéndonos con fuentes negativas de influencia, pero nadie puede controlar nuestra actitud, a menos que voluntariamente lo permitamos.

Nadie "nos pone de mal genio." Nosotros mismos nos ponemos de mal genio cuando entregamos el control de nuestra actitud. Lo que otro haya hecho es irrelevante. Nosotros elegimos, no ellos. Ellos, sencillamente, ponen nuestra actitud a prueba. Si seleccionamos una actitud volátil volviéndonos hostiles, furiosos, celosos o desconfiados, entonces, nosotros habremos fallado la prueba. Si nos condenamos creyendo que no tenemos valor, nuevamente nosotros habremos fallado la prueba.

Si nos queremos a nosotros mismos, debemos aceptar la responsabilidad total de nuestros sentimientos. Debemos aprender a estar en guardia contra los sentimientos que tienen la capacidad de llevar nuestra actitud por el mal camino, y fortalecer los sentimientos que nos llevan a la confianza y a un futuro mejor.

Si queremos recibir las recompensas que el futuro tiene guardadas para nosotros, debemos tomar la elección más importante que puede tomar un miembro de la raza humana: mantener un total dominio sobre su actitud. Nuestra actitud es un activo, un tesoro de gran valor, que debe ser protegido. Debemos tener cuidado de los vándalos y ladrones entre nosotros que pueden herir nuestra actitud positiva o tratar de robársela.

Tener la actitud correcta es uno de los aspectos básicos que requiere el éxito. La combinación de una filosofía sólida personal y una actitud positiva respecto a nosotros y el mundo que nos rodea, nos da esa fuerza interna y la firme resolución que influye en todas las áreas de nuestra existencia... incluyendo la tercera pieza del rompecabezas de la vida, que ahora vamos a examinar.

CAPÍTULO TRES

ACTIVIDAD

Hay una vieja historia conocida como la Parábola de los Talentos.

Cuenta la historia que, un día, el amo reunió a sus tres sirvientes y les dijo que pronto se iría en un largo viaje. Antes de irse, les dio a cada uno de ellos un cierto número de talentos. En aquellos días, un talento equivalía a varios años de sueldo de un trabajador promedio, o sea, una cantidad importante de dinero. A uno de los sirvientes le dio cinco talentos, a otro dos, y al tercero, un talento. Les advirtió que deberían cuidar los talentos en su ausencia y, luego, partió.

Durante la ausencia del amo, el sirviente con los cinco talentos negoció con ellos en el mercado, hasta que los convirtió en diez. El segundo hizo lo mismo, convirtiendo sus dos en cuatro. Sin embargo, el tercer sirviente, siendo un hombre muy prudente, tomó el talento que le habían dado y lo enterró en el suelo para ponerlo a salvo.

Después de un tiempo, el amo regresó y reuniendo de nuevo a sus tres sirvientes, les preguntó sobre lo que habían hecho con los talentos que les había dado. El primero explicó cómo sabiamente había negociado los cinco talentos que le habían sido dados y entregó a su amo los cinco originales más los cinco ganados. El amo le dijo: "¡Muy bien hecho!". El segundo dijo que también había negociado y le entregó los dos talentos que le habían sido dados y dos más. De nuevo, el amo dijo:" ¡Bien hecho!". Finalmente, el tercero, pasó adelante y contó su historia: "Temiendo perder su dinero, lo enterré cuidadosamente en el suelo." Y así, orgullosamente, le entregó a su amo el talento que le había sido dado para cuidarlo. El amo le dio una mirada al talento que no había sido usado y dijo: "Tomen el talento de él y désenlo al que ahora tiene diez."

Muchos no se sienten muy bien con la forma en que esta historia termina. Después de todo, no parece justo quitarle lo poco que había recibido el tercer sirviente y dárselo al que tenía diez. Pero, recuerden, la vida no está diseñada para recompensarnos a nuestro nivel de necesidad, sino que nos da según nuestro nivel de merecimiento. La moraleja de esta historia es que cualquier cosa que la vida nos haya dado, así sea un talento o cien, ¡es nuestra responsabilidad hacer algo con eso! Es así cómo convertimos centavos en fortunas, y obstáculos en oportunidades, tomando todo lo que tenemos y todo lo que somos, y poniéndolo a trabajar.

Tarde o temprano debemos poner nuestro conocimiento y buenos sentimientos en actividad. Y la parábola también demuestra claramente, que si empezamos con más, también recibiremos más por nuestro trabajo disciplinado. Por esto es que es tan importante empezar con una sólida filosofía personal y la actitud correcta. Mientras más sepamos, mejor nos sintamos sobre nosotros y las oportunidades que tenemos, mejores serán las posibilidades de éxito.

Pero una creciente conciencia y una actitud positiva no son suficientes por sí mismas. Lo que conocemos y lo que sentimos únicamente determinan nuestro potencial de realización. Si obtenemos o no nuestras metas finalmente, está determinado por nuestra actividad.

Podemos tener una filosofía bien balanceada, una gran profundidad de carácter, una buena actitud hacia la vida, pero, a menos que pongamos estos valiosos activos a trabajar, nos encontraremos dando excusas antes que logrando progresos. Lo que sabemos y cómo nos sentimos son factores importantes que afectan la calidad de nuestras vidas. Pero recuerden que estos son sólo los cimientos sobre los cuales construiremos el futuro. Completar el resto de la escena, requiere acción.

Por qué a veces nos quedamos atascados

Si tenemos el deseo sincero de progresar, estaremos impulsados a encontrar todos los medios posibles para implementar lo que sabemos y sentimos. Debemos encontrar las maneras de exteriorizar todo el valor que poseemos internamente. De otra manera, nuestros valores permanecerán ocultos y nuestros talentos, no recompensados.

Es desconcertante ver que algunas personas fracasan y otras tienen éxito. Algunas veces, incluso puede parecer injusto. Todos conocemos gente que tiene una buena educación, la actitud correcta y el deseo sincero de hacer algo con su vida. Son buenos padres, empleados honestos y amigos leales. Pero, a pesar de sus conocimientos, sentimientos y deseos, continúan llevando vidas de silenciosa desesperación. Ellos deberían tener mucho más de lo que tienen, pero parecen recibir muy poco.

Después, están aquellos que reciben mucho y no parecen tener mérito alguno. No tienen educación. Tienen una actitud pobre hacia sí mismos y hacia los demás y, con frecuencia, son deshonestos y faltos de ética. La única cosa que parecen tener en común con aquellos que deberían estar bien pero que les va tan mal, es el sincero deseo de ir hacia adelante. A pesar de su falta de virtudes, conocimiento y gratitud, estas personas, frecuentemente, parecen venir de la cima.

¿Por qué es que algunas personas buenas tienen tan poco, mientras los deshonestos tienen tanto? ¿Por qué los traficantes de drogas, los mafiosos, los elementos criminales en nuestra sociedad, manejan autos costosos, cuando muchos luchan por hacer los pagos de sus propios autos? Si nuestro deseo de éxito es tan fuerte como el de ellos, si tenemos la virtud agregada de nuestro refinamiento filosófico y sofisticación emocional, ¿por qué no nos va mejor que a ellos?

La respuesta bien puede ser que no trabajamos en obtener nuestras metas... y ellos sí. No tomamos todo lo que tenemos para llevarlo al mercado y ponerlo a trabajar. Ellos, sí. No nos trasnochamos desarrollando nuestros planes para obtener nuestros sueños, ni trabajamos fuertemente todos los días para hacer realidad estos sueños. Ellos, sí. No aprendemos todo lo que es posible sobre la industria y los mercados en que trabajamos. Ellos, sí. No hacemos todos los esfuerzos necesarios, para rodearnos de las fuentes de influencia, asociándonos con aquellas personas que nos pueden ayudar a obtener nuestras metas. Ellos, sí. Mientras estamos soñando con las promesas del futuro, ellos están haciendo algo al respecto. Concedido, están haciendo cosas malas, pero lo están haciendo consistentemente, con una intensidad y un nivel de compromiso que a muchos de nosotros nos avergonzaría.

El mal siempre se apresura a llenar el vacío dejado por la ausencia del bien. Lo único necesario para el triunfo del mal es que la gente buena no haga nada y, desafortunadamente, esto es lo que muchas personas buenas eligen hacer. Es nuestra falta de intensidad y actividad disciplinada lo que permite que el mal florezca y el hombre bueno trastabille. Si a veces la vida no parece justa, no podemos culpar a nadie más sino a nosotros mismos.

Imagine lo diferente que sería nuestro mundo si nos comprometiéramos, ahora mismo, a poner en acción todo lo que actualmente somos, donde sea que estemos y con lo que sea que tengamos. ¿Qué pasaría si todos diéramos el 100 por ciento en nuestros trabajos, nuestras familias y nuestras comunidades? ¿Y qué si empezando ahora mismo, leyéramos libros, reemplazáramos errores con disciplina y nos asociáramos con gente que estimulara nuestras ideas? ¿Y qué, si empezando ahora mismo, convirtiéramos nuestros sueños en planes y nuestros planes en actividad, que nos llevarían hacia el logro de nuestras metas? ¡Qué diferencia tan increíble podríamos hacer! Rápidamente podríamos lograr que el mal se fuera, y el bien viniera rápidamente a recapturar su legítimo lugar. Qué maravillosa vida podríamos, entonces, compartir con nuestras familias: una vida con desafíos, emociones y logros. Y qué herencia podríamos dejar a la siguiente generación: un caudal de virtud, integridad y sustancia con las cuales construir un nuevo mundo; y todo esto porque nos preocupamos lo suficiente por hacer algo con nuestras vidas, y poner nuestras destrezas y talentos a trabajar.

Enganchando la visión del futuro

El espectáculo de las Cataratas del Niágara es uno de los más sorprendentes del mundo. Cada hora miles de toneladas de agua fluyen a lo largo del río Niágara, cayendo en una cascada de 47 metros de roca, para formar una turbulenta y furiosa corriente de agua. El ingenio del hombre hizo que se pudiera aprovechar la fuerza de la caída de agua, y ahora provee una importante fuente de energía para cientos de miles de personas.

Nuestros sueños pueden ser tan asombrosos y poderosos como esta maravilla de la naturaleza. Pero, deben ser aprovechados y convertidos en alguna forma de energía, si han de tener algún valor para nosotros y para el mundo que nos rodea. De otra manera, permanecerán como un espectáculo emocionante, pero inexplorado, de la imaginación humana.

Todos decimos que queremos tener éxito, pero, tarde o temprano, nuestro nivel de actividad tiene que llegar al mismo nivel de nuestro deseo. Hablar sobre logros es una cosa; hacer que suceda es algo totalmente diferente.

Algunas personas parecen disfrutar hablando sobre el éxito, antes que lográndolo. Es como si un canto ritual sobre algo que ocurrirá algún día les diera un falso sentido de seguridad; y todas las cosas que deberían estar haciendo y que podrían estar haciendo en un día determinado, nunca llegan a realizarse.

Las consecuencias de este auto-engaño tienen su propio e inevitable precio. Tarde o temprano, llegará el día en que esas personas miren hacia atrás con arrepentimiento por todas aquellas cosas que pudieron haber hecho, y que, aunque eran importantes, dejaron sin hacer. Por esto es que debemos obligarnos a experimentar en el presente, el suave dolor de la disciplina. Todos experimentaremos algún que otro dolor, el dolor de la disciplina o el dolor del arrepentimiento, pero la diferencia es que el dolor de la disciplina pesa sólo unos gramos, mientras que el dolor del arrepentimiento pesa toneladas.

Actividad. La aplicación de todo lo que sabemos y todo lo que sentimos, combinado con nuestro deseo de tener más de lo que tenemos, y ser más de lo que somos.

El emprendimiento es mejor que la flojera

Si estamos involucrados en un proyecto, ¿con cuánto esfuerzo deberíamos trabajar por él? ¿Cuánto tiempo deberíamos dedicarle?

Nuestra filosofía sobre la actividad y nuestra actitud hacia el esfuerzo afectará la calidad de nuestras vidas.

Lo que decidamos respecto a la proporción de trabajo con relación al descanso, establece cierta ética de trabajo. La ética de trabajo, nuestra actitud sobre la cantidad de trabajo que estamos dispuestos a comprometer para hacer nuestra fortuna futura, determinará qué tan grande o escasa será esa fortuna.

El emprendimiento es siempre mejor que la flojera. Cada vez que elegimos hacer menos de lo que podríamos, es un error de juicio que tiene un efecto en la confianza en nosotros mismos. Si repetimos esto todos los días, pronto nos encontraremos no sólo haciendo menos de lo que deberíamos, sino, también, siendo menos de lo que podríamos ser. El efecto acumulativo de este error de juicio puede ser devastador.

Afortunadamente, es fácil revertir el proceso. Todos los días podemos elegir desarrollar una nueva disciplina de hacer, en vez de no hacer. Cada vez que elijamos tomar acción, en lugar de descansar, desarrollaremos un nivel creciente de autoestima, respeto y confianza en nosotros mismos. Al final, el análisis que debemos hacer es cómo nos sentimos con la satisfacción que nos proporciona una actividad determinada. No es lo que obtenemos lo que nos hace valiosos, sino en lo que nos convertimos en el proceso de hacer lo que trae el valor a nuestras vidas. Es la actividad la que convierte los sueños humanos en realidades; y la conversión de una idea en una realidad nos da un valor personal que no puede venir de otra fuente.

Todo tiene su precio y todo tiene su sufrimiento, pero el precio y el sufrimiento se vuelven más llevaderos cuando la promesa se vuelve más interesante. Para que los medios puedan contener una actividad intensa, debemos estar obsesionados con el fin, que es la promesa del futuro. El fin no solamente "justifica" los medios, sino que la inspiración que obtenemos de ver el fin claramente en nuestra mente, nos permite producir los medios.

Las proporciones de actividad y de descanso

La vida no puede ser un proceso de sólo trabajo y nada de descanso. Es muy importante dejar suficiente tiempo para reponer fuerzas. La clave es desarrollar una razonable proporción de descanso y actividad.

La Biblia nos ofrece esta filosofía respecto a la proporción de trabajo y descanso: seis de trabajo y uno de descanso. Para algunos esto puede parecer duro hasta cierto punto, con relación a la proporción de trabajo. De hecho, hay muchas voces en nuestro país que están buscando que nuestra actual proporción de cinco días de trabajo y dos de descanso, cambie. A ellos les gustaría que recortáramos la proporción de trabajo y que se incrementara el período de descanso a por lo menos tres días.

Cada uno de nosotros debemos seleccionar la proporción que mejor refleje la recompensa que estamos buscando, recordando que entre menos trabajo, menos recompensa. Si nuestro descanso es muy largo, seguramente la mala hierba crecerá en nuestro jardín. La erosión de nuestros valores empieza inmediatamente cuando estamos en descanso. Por esto es que debemos hacer del descanso una necesidad y no un objetivo. El descanso sólo debe ser una pausa necesaria, para prepararnos para el asalto al siguiente objetivo y a la siguiente disciplina.

El castigo por demasiado descanso es la mediocridad.

El peligro de buscar atajos hacia el éxito

Algunos de nuestros amigos querrán hacernos creer que la afirmación positiva es más importante que la actividad. Más que hacer algo constructivo para cambiar nuestras vidas, nos harán repetir varios refranes que afirman que todo está bien, tales como: "Cada día y en cada cosa, me estoy volviendo mejor y mejor".

Debemos recordar que la disciplina es un requerimiento para el progreso; y que la afirmación sin disciplina es el inicio del autoengaño.

No hay nada malo con las afirmaciones, siempre y cuando recordemos dos importantes reglas. Primero, nunca debemos permitir que una afirmación reemplace la acción. Sentirnos mejor no es un sustituto para hacer mejor. Y segundo, cualquier cosa que afirmemos debe ser verdad.

Si la verdad de nuestras circunstancias es que estamos quebrados, entonces la mejor afirmación que podemos hacer es: "estoy quebrado". Esto empezará el proceso de pensamiento. Hablando con convicción, estas palabras llevarán a cualquier persona razonable y prudente de la pasividad a la acción.

Si aquellos cuyas vidas están cayendo fuera de control, se enfrentan con la dura realidad de la verdad, y luego se disciplinan para expresarla en lugar de esconderla en enunciados falsos y equivocados, el cambio positivo será un resultado inevitable.

La realidad es siempre el mejor punto de partida. Dentro

de la realidad es que se hace posible nuestro propio milagro personal. El poder de la fe empieza con la realidad. Si somos capaces de enunciar la verdad respecto a nosotros y a nuestras circunstancias, la verdad nos hará libres. Cuando, finalmente, entendamos y aceptemos la verdad, la promesa del futuro será liberada de las cadenas del engaño que la mantienen prisionera.

Tarde o temprano, tendremos que dejar de culpar al gobierno, a los ciclos de pago, a los bancos, a los impuestos, a los vecinos, al jefe, a las políticas de la compañía, a los altos precios, a nuestros colegas, a nuestro pasado, a nuestros padres, al tráfico o el clima, por nuestro fracaso en alcanzar la parte de la felicidad que viene junto con el progreso. Una vez que entendamos cómo fue que realmente llegamos a estar donde estamos y a ser lo que somos, y entendamos que las sutilezas de nuestros errores repetidos son las responsables, entonces, nos sentiremos avergonzados de esta verdad final y nuestra voluntad de admitirlo iniciará el proceso de ir de los centavos a los millones.

El cambio se inicia con lo que escogemos

Según nuestro propio deseo, cualquier día podemos escoger disciplinarnos para cambiarlo todo; cualquier día podemos decidir leer el libro que abrirá nuestra mente hacia un nuevo conocimiento; cualquier día que queramos podemos iniciar una nueva actividad; cualquier día podemos empezar el proceso de cambio de nuestras vidas. Y podemos hacerlo inmediatamente, la próxima semana, el próximo mes o el próximo año.

También podemos no hacer nada. Podemos fingir en lugar de accionar. Y si la idea de cambiar nos hace sentir incómodos, podemos quedarnos como estamos. Podemos escoger descansar en lugar de trabajar. Entretenernos en lugar de educarnos; engañarnos en lugar de saber la verdad, y dudar en lugar de tener confianza. Las elecciones son nuestras. Pero, mientras maldecimos el efecto, continuamos nutriendo la causa. Como dijo Shakespeare, de una manera muy particular: "la falla...no está en las estrellas, sino en nosotros".

Nosotros creamos nuestras circunstancias con lo que hayamos escogido. Tenemos la habilidad y la responsabilidad de elegir mejor empezando desde hoy. Aquellos que están en la búsqueda de una buena vida no necesitan más respuestas o más tiempo para pensar nuevamente y llegar a mejores conclusiones. Ellos necesitan la verdad. Necesitan toda la verdad. Y nada más que la verdad.

No podemos permitir que nuestros errores de juicio se repitan todos los días y nos lleven por la senda equivocada. Debemos mantenernos dentro de estos aspectos básicos que hacen una gran diferencia en cómo trabajamos nuestra vida. La actividad es uno de estos importantes aspectos básicos que no nos podemos dar el lujo de abandonar.

La necesidad de actividades inteligentes

Muchos de nosotros que estamos buscando el éxito y la felicidad, ya estamos trabajando muy duro; pero esto no parece llevarnos a ninguna parte. El problema es que para producir los resultados deseados, debemos poner inteligencia, de la misma manera que ponemos intensidad en una actividad. La acción sin inteligencia puede ser destructiva. Pero no debemos gastar demasiado tiempo en el proceso de adquirir inteligencia. Todas las cosas deben estar en su proporción justa.

Es fácil confundir el moverse hacia el progreso, con obtener algunos logros. Por eso es que la actividad debe ser planificada deliberadamente, refinada cuidadosamente y ejecutada consistentemente.

La actividad debe ser planificada cuidadosamente

Debemos ser lo suficientemente inteligentes y planificar hoy para el mañana. Debemos diseñar el futuro, no simplemente soñarlo. Si nos disciplinamos y ponemos inteligencia en nuestros planes, pondremos la fortuna en nuestro futuro.

Nuestro viaje hacia el éxito no es como un paseo dominical. Necesitamos seleccionar un destino específico. También necesitamos anticipar los obstáculos y los riesgos, y estar preparados para reaccionar ante ellos cuando sea que se nos presenten.

Tener bien definidas nuestras metas es un arte esencial de cualquier plan de vida. Estas metas deben quedar registradas por escrito; y deben contener la planificación tanto a corto como a largo plazo. Las metas a corto plazo sirven como objetivos a través del viaje. Son pequeños escalones que nos llevan al logro de nuestra fortuna en el largo plazo; y nos ayudan a mantenernos dentro del camino por un largo período de tiempo.

Las metas a largo plazo sirven como puntos de llegada. Son los puntos que nos muestran los logros a lo largo de la vía; y nos proporcionan los motivos para celebrar los frutos de nuestros esfuerzos.

Pero, la parte más importante de la planificación y de fijar metas, es visualizar en nuestro "imaginario" el objetivo principal que estamos persiguiendo. Esta es la "magnífica obsesión" que discutimos en otro capítulo. Esta es la columna vertebral de nuestra ambición. Es lo que nos impulsa.

Los objetivos principales son esas fuerzas invisibles que nos arrastran hacia el futuro. A través de nuestras actividades y disciplinas diarias, proveemos el impulso que nos empuja hacia el éxito. Pero es el sueño del futuro, el logro de nuestros objetivos lo que nos arrastra, día tras día, a través de los grandes obstáculos que encontramos en nuestro camino. Lo interesante de este proceso es que mientras más empujemos, más nos halará el futuro. Mientras más demostremos nuestra inquebrantable determinación de conquistar nuestras limitaciones, incrementar nuestra inteligencia y obtener nuestros objetivos, esa, todavía pequeña, voz dentro de nosotros, empezará a hablarnos con su promisorio mensaje, agregándose a la fuerza con que el futuro nos está atrayendo. En la medida en que escuchemos cuidadosamente esa voz y respondamos instintivamente a sus demandas, la atracción se volverá más fuerte y el futuro más cierto.

Un buen plan es un plan simple

Nuestro mejor futuro empieza con objetivos que valgan la pena y un plan simple. No debemos permitir que el plan quede excesivamente recargado de complejidades. Lleva tiempo descubrir muchas de las respuestas. Es virtualmente imposible planificar todos los detalles o anticipar todos los obstáculos.

También, debemos tener cuidado de no permitir que las opiniones ajenas influyan desproporcionadamente en el desarrollo de nuestro plan, para una mejor vida. Los demás tendrán muchas opiniones respecto a lo que debemos hacer, pero al final, el plan de progreso debe ser nuestro plan. Debemos escuchar las voces que tengan algún valor, pero, debemos recordar, que nadie más verá nuestro plan con el sentimiento y la obsesión que lo vemos nosotros. Tiene que ser un plan diseñado personalmente; y su creador y arquitecto debe permanecer al mando del barco durante toda la jornada.

La actividad debe ser disciplinada

Disciplina, una palabra que hemos usado repetidamente a través de este libro y por una muy buena razón. Hay una tendencia a que la parte negativa de la vida se infiltre en nuestros planes, nuestros sueños y nuestras actividades, en un esfuerzo por ganar el control. El optimismo tiende a rendirse ante la duda. Hay una tendencia a que un plan simple se convierta en un plan complejo. El coraje tiende a ceder ante el temor; y la confianza es agobiada por la preocupación. Sólo a través de una consistente aplicación de la disciplina, podemos prevenir que las tendencias negativas de la vida destruyan nuestros planes. Con el paso del tiempo y la obtención de pequeños éxitos, podemos volvernos descuidados. Por eso es que para perseguir una mejor vida, debemos desarrollar un nuevo sentido de aprecio por la disciplina y, estar conscientes, de lo que estos pequeños éxitos significan. Es notable lo que cada uno de nosotros puede hacer. Las personas pueden hacer las cosas más asombrosas, una vez que hayan tomado la decisión de trabajar con las disciplinas que las llevan a una nueva filosofía, una nueva actitud y a un nivel de actividad nuevo e intenso. Sin embargo, lo que la gente hace es a veces desilusionante.

Cualquier día podemos escoger alejarnos de donde sea que estemos, independientemente de las circunstancias. "Manzana por manzana", una página a la vez, un párrafo a la vez, una nueva disciplina cada día, así podemos empezar el proceso de mejorar nuestra actividad, a tal punto que hoy pueda convertirse en el punto de partida de una nueva vida.

¡Cualquiera lo puede hacer!

Lo hacemos diseñando un buen plan. Lo hacemos fijando nuevas metas. Lo hacemos trabajando todos los días, en las pequeñas cosas que marcan una diferencia importante en nuestro cambio de vida. Como todo lo que el éxito requiere, desarrollar las disciplinas que se necesitan para obtener nuestros sueños, es fácil de hacer... y también fácil de no hacer.

El punto de partida de la actividad disciplinada

Este es uno de los mejores lugares para empezar el proceso de trabajar en nuevas disciplinas. Todos tenemos una lista mental de "Debería haber... "

"Debería haberle escrito a mi madre este fin de semana".

"Debería haberle dicho hace mucho tiempo lo mucho que me la quiero".

"Debería haber llamado a ese acreedor y decirle la verdad el mes pasado".

"Debería haber empezado a hacer ejercicio hace muchos años".

Cualquier día podemos escoger trabajar sobre los aspectos básicos, en cualquier actividad de la lista, para empezar el proceso de la autodisciplina. La alegría que venga de estos pequeños logros iniciará el proceso milagroso. La inspiración temprana que viene de practicar nuevas y simples disciplinas, empieza con el proceso llamado "elevando la autoestima". No importa qué tan pequeña o insignificante es la actividad, porque es dentro de esas oscuras, pero importantes, disciplinas que las grandes oportunidades existen.

Esta clase de progreso simple construye la escalera que nos permite salir del abismo del fracaso y el olvido que una vez fue el sitio donde vivimos. Con cada nueva disciplina, construiremos un nuevo peldaño que nos permitirá escalar fuera de la oscuridad, donde los fracasados, los quejumbrosos, los confusos y desorientados se reúnen para compartir sus tristes historias de lo injusta que es la vida. Construir la escalera es fácil.

La más pequeña de las disciplinas, practicada todos los días, empieza un increíble proceso que puede cambiar nuestra vida para siempre.

Hasta que aprendamos a ocuparnos de las pequeñas oportunidades que la vida pone en nuestro camino, nunca dominaremos las disciplinas necesarias para volvernos felices y prósperos. El logro más grande en la vida empieza con el dominio de las pequeñas disciplinas. Los "músculos" mentales, emocionales y filosóficos que se requieren para escribir una carta, limpiar el garaje y pagar las cuentas, son los mismos "músculos" involucrados en administrar una compañía o un departamento. Como el sabio profeta escribió:

"No pierda el entusiasmo de hacer las cosas bien, porque al final de la estación tendrá su recompensa."

No podemos gobernar la ciudad hasta que no gobernemos nuestro espíritu. No podemos gobernar la nación hasta que no nos gobernemos a nosotros.

No podemos diseñar nuestro futuro hasta que rediseñemos nuestros hábitos.

No podemos incrementar nuestra recompensa, hasta que incrementemos la inteligencia de nuestras actividades.

El lugar para empezar es dentro de nosotros mismos, a través del desarrollo de nuevas disciplinas. Allí es donde el éxito realmente empieza, convirtiéndonos en amos de los pequeños detalles de nuestras vidas. Todas las grandes gratificaciones en la vida están disponibles para cada uno de nosotros, si tenemos la disciplina para caminar a través de estas primeras etapas de desarrollo, sin descuidar ninguna. No debemos permitir que alguna de estas pequeñas actividades nos robe nuestra futura salud, riqueza, amistad y estilo de vida. No debemos permitir que ningún error de juicio nos engañe, haciéndonos pensar que "dejar pasar las pequeñas cosas" no causará mayor diferencia. No podemos decirnos "Ésta es la única parte en la que voy a relajar un poco mi disciplina". Esa "única parte" es la que empieza el proceso de erosión de todas nuestras otras disciplinas.

Uno de los grandes desafíos que todos enfrentamos es la actividad disciplinada. Debemos disciplinar el alcance de nuestro conocimiento, porque podemos tener mucho o muy poco. Debemos disciplinarnos para mantener la actitud correcta, porque estamos rodeados de fuentes que rápidamente pueden erosionar la actitud que tan duramente trabajamos para desarrollar. Y debemos disciplinarnos para convertir nuestros sueños en planes, los planes en metas y las metas en esas pequeñas actividades diarias que nos lleven, de manera segura, un paso a la vez, hacia un mejor futuro.

Finalmente, debemos usar el poder de nuestra imaginación. Debemos evaluar todo lo que es posible. Debemos recordarnos a nosotros mismos que hacer lo que es posible algunas veces nos va a desafiar con lo imposible. Como escribió un antiguo guerrero: "Es mejor apuntar hacia la luna y alcanzar el águila, que apuntarle al águila y alcanzar sólo una roca".

Planificación, imaginación y actividad intensa son fuerzas impresionantes que tienen el poder de cambiar dramáticamente la calidad de nuestras vidas.

La actividad es una parte importante del rompecabezas de la vida. Es la fuerza para darle sustancia y significado a nuestra filosofía y a nuestra actitud. Inteligencia, planificación, intensidad y actividad constante crean una nueva energía que nos mantiene en movimiento hacia ese futuro emocionante que nuestros pensamientos y deseos diseñaron para nosotros.

CAPÍTULO CUATRO

RESULTADOS

Cualquier negocio o actividad personal que se tome en la estación adecuada, combinado con el paso de tiempo suficiente, producirá un resultado predecible. La razón para las estaciones es la productividad, y el propósito de nuestra actividad son los resultados.

Los resultados son la cosecha de nuestros esfuerzos pasados. Si el granjero plantó sólo unas pocas semillas en primavera, no puede esperar tener una gran cosecha en otoño. De la misma manera, si una persona sólo ha comprometido una mínima actividad en el pasado, no debería esperar resultados significativos en el presente.

Los resultados siempre están en directa proporción con el esfuerzo. Aquellos que descansan en primavera no cosechan en otoño, independientemente de la necesidad e independientemente del deseo. Los resultados son premios reservados para los que previeron y tomaron la oportunidad con anticipación. Si se perdió la oportunidad, el premio será retenido.

La oportunidad de la primavera es breve. La oportunidad se aproxima, llega y después pasa rápidamente. No permanece, no hace una pausa, ni mira hacia atrás. La oportunidad sólo se presenta y aquellos que responden a su arribo con actividad inteligente logran el total del resultado deseado.

Todo lo que hacemos determina nuestros resultados futuros. Como el granjero que labra el suelo preparándolo para las semillas, debemos trabajar en el desarrollo de una filosofía sólida. Como el granjero que cultiva y fertiliza su cultivo para destruir la mala hierba y nutrir las semillas, debemos luchar por el desarrollo de una nueva actitud. Y como el granjero que atiende su cultivo desde la mañana hasta la noche, en anticipación de la futura cosecha, debemos comprometernos con el trabajo de las actividades diarias.

Si en el pasado nuestro trabajo produjo cosechas pobres, no hay nada que podamos hacer al respecto. No podemos alterar el pasado. No podemos pedirle a la naturaleza que haga una excepción a la regla, no importa qué tan furiosos estemos. Tampoco nos permitirá la naturaleza pedirle a la tierra un adelanto. La única cosa que podemos hacer es prepararnos para la inevitable llegada de otra primavera, otra oportunidad, y entonces, plantar, nutrir y atender el nuevo cultivo tan diligentemente como sea posible, recordando las dolorosas consecuencias de nuestro pasado descuido. Sin embargo, al recordar las consecuencias, debemos permitirnos sobreponernos a ellas. Sus lecciones deben servirnos y no agobiarnos.

A lo largo de nuestra vida, experimentaremos numerosas primaveras y numerosas cosechas. Nuestra futura felicidad raras veces es producto de una sola cosecha. Al contrario, es el resultado de una serie de oportunidades individuales, que aprovechamos o tristemente dejamos pasar. Por eso, nuestra felicidad yace en el efecto acumulado de nuestras actividades pasadas. Por eso es que es tan importante estudiar los resultados. Revisar los resultados con regularidad nos proporciona un excelente indicador de qué tan bien estamos aprovechando las oportunidades.

Los resultados actuales son un indicador adecuado de lo que el futuro tiene guardado para nosotros, si continuamos por el mismo camino. Si nuestros resultados actuales son satisfactorios, el futuro podría producir la misma y abundante cosecha. Si nuestros resultados actuales no son lo que deberían ser, necesitaremos observar de cerca aquellos factores que nos han desviado del camino o que, tal vez, nos han enviado en la dirección errada.

Cómo medir nuestros resultados

Los resultados de nuestros esfuerzos pasados se pueden medir de muchas maneras. La primera forma de medir nuestros resultados es mirando lo que tenemos. Nuestras casas, automóviles, cuentas de banco, inversiones y todos nuestros otros activos tangibles son una buena medida de nuestro progreso material.

Nuestros activos reflejan un aspecto de nuestro valor actual. Para medir nuestro valor, simplemente, evaluamos nuestros activos. No es que esté sugiriendo que la única forma de medir el valor sea a través de una lista de posesiones materiales. Hay toda clase de riquezas, de grandes fortunas en la vida: alegría, salud, amor, familia, experiencia, amistades, que siempre sobrepasarán el valor de cualquier posesión material que hayamos adquirido. Pero lo que hayamos acumulado a través de los años en forma de activos materiales, puede ser un buen indicador de nuestros esfuerzos pasados y los posibles resultados futuros.

Si actualmente hemos acumulado una cantidad significativa de dinero y posesiones materiales, probablemente, estamos bien encaminados para obtener el sueño conocido como independencia financiera. De la misma manera, si nuestra lista de activos es muy escasa, independientemente de nuestros esfuerzos durante los últimos diez, veinte o treinta años de trabajo, será un buen indicador de que algo necesitamos cambiar. Puede ser que necesitemos hacer cambios importantes, en nuestro actual nivel de actividad, para incrementar nuestros resultados. Puede ser que necesitemos incrementar nuestras habilidades o conocimientos o conciencia, para ser capaces de aprovechar mejor las ventajas que la vida nos ofrece. O tal vez necesitemos hacer algunos pocos ajustes en nuestra filosofía sobre el dinero, y en nuestra actitud hacia el gasto.

Si no estamos satisfechos con lo que hemos obtenido en este punto de nuestras vidas, entonces, ahora es el momento de arreglar el futuro. A menos que cambiemos lo que somos ahora, lo que tenemos siempre va a ser más o menos lo mismo. La misma semilla sembrada y el mismo sembrador, inevitablemente, producen la misma cosecha Para que la cosecha cambie, será necesario cambiar la semilla, la tierra, y seguramente, también el sembrador. Puede ser que el sembrador insista en usar un plan que, simplemente, no funciona. Puede ser que el sembrador crea que la siembra debe hacerse en el verano, en lugar de la primavera. Cuando el invierno llegue y necesitemos al sembrador, él o ella seguramente estarán en la tierra estéril, condenando las circunstancias por el fracaso de la tierra en cumplir su promesa de una cosecha. Éste podría ser el momento ideal para que el equivocado sembrador mida y pese las razones por las cuales la tierra no cooperó con un plan mal concebido. Pero, en lugar de medir y pesar, el sembrador seguirá quejándose y tendrá una lista de razones para su desafortunado dilema.

Todo lo que hemos adquirido es el resultado de los esfuerzos y pensamientos pasados. Reunimos inteligencia o reunimos ignorancia, y nuestro futuro nos producirá resultados de acuerdo a lo que hayamos hecho en el pasado. Debemos usar nuestro tiempo para planificar, trabajar, medir, invertir, compartir, refinar actividades pasadas e incrementar nuestras reservas de conocimientos. Estas son las semillas que debemos recoger a lo largo de la vía, para que la calidad de los resultados mejore con el paso de cada año.

Otra forma importante de medir nuestros resultados es observar de cerca a la clase de persona en la que nos hemos convertido. ¿Qué clase de personas hemos atraído a nuestras vidas? ¿Somos respetados por nuestros colegas y nuestros vecinos? ¿Hacemos honor a nuestras creencias? ¿Tratamos de ver los puntos de vista de alguien más? ¿Escuchamos a nuestros hijos? ¿Expresamos sincero aprecio por nuestros padres, esposas y amigos? ¿Somos honestos y éticos en nuestras transacciones de negocios? ¿Somos conocidos por nuestra impecable integridad dentro de nuestros colegas? ¿Estamos felices con lo que somos y con lo que nos hemos convertido?

Nos hemos convertido en el resultado de todas nuestras experiencias pasadas y en la forma en que las hemos manejado. Nos hemos convertido, también, en el resultado de los cambios personales que, voluntaria o involuntariamente, hemos realizado a través de los años. Si no estamos felices con lo que nos hemos convertido, entonces, debemos cambiar lo que somos. Porque para que las cosas cambien, nosotros debemos cambiar... Ése es uno de los fundamentos básicos de la vida.

Atraemos lo que tenemos por la clase de persona en la que nos hemos convertido

En el diseño de un mejor futuro, el foco principal de nuestro plan debe ser convertirnos en más de lo que actualmente somos. Si no estamos contentos con nuestros actuales resultados, el lugar para empezar es en nosotros mismos.

Todo lo que tenemos en la vida, tanto las cosas tangibles como las intangibles, son el resultado directo de lo que somos. La clave para una buena vida reside en ser más de lo que actualmente somos y, de esa manera, atraer más de lo que actualmente tenemos.

Si mañana perdemos todo lo que tenemos, fácilmente podríamos reemplazarlo. ¿Por qué? Porque esas cosas que adquirimos son el resultado de lo que somos. Asumiendo "que lo que somos" no cambió, con el tiempo atraeremos nuevamente a nuestras vidas todo lo que perdimos. Lo mismo aplica cuando se conserva el mismo conocimiento, actitud, esfuerzo y plan, que siempre producirán el mismo resultado.

Este fundamento básico es causa tanto de júbilo como de alarma. El júbilo viene del hecho de que, cualquier día que escojamos, podemos empezar a hacer cambios en nuestro interior que atraerán aun mejores cosas a nuestras vidas. La alarma viene del hecho de que a menos que hagamos esos cambios necesarios, a menos que convirtamos nuestros errores en nuevas disciplinas y nuestros sueños en planes bien definidos e inteligentes, con actividad consistente, siempre tendremos exactamente lo que ahora tenemos. Siempre viviremos en la misma casa, conduciremos el mismo auto, tendremos los mismos amigos y experimentaremos las mismas frustraciones y tropiezos que siempre hemos experimentado, porque nosotros no hemos cambiado. Los resultados siempre serán predecibles, porque los resultados siempre están determinados por lo que estamos en el proceso de cambiar.

Hacer más es sólo parte de la respuesta. La respuesta real reside en convertirnos en más de lo que somos, de tal manera, que nuestro potencial aumentado se convierta en parte integral de todo lo que hacemos. Así es como la vida se vuelve mejor, cuando nosotros nos volvemos mejores. No podemos tener más, si primero no nos convertimos en más. Este es uno de los puntos básicos.

El éxito debe ser atraído, no perseguido.

El valor personal es el imán que atrae todas las cosas buenas a nuestras vidas. A mayor valor, mayor gratificación. Como la solución para tener más es convertirnos en más, debemos estar en una constante búsqueda de incrementar nuestro valor. Autocontrol, práctica de disciplina, paciencia, planificación, esfuerzo, inversión sabia de parte de nuestros buenos resultados, desarrollo de una bien balanceada actitud, actividad consistente, acumulación de conocimiento, lectura frecuente y una filosofía personal sensible, son todos ejemplos de maneras con las cuales nuestro valor puede ser aumentado.

Es la adquisición de más valor lo que debemos perseguir, no más objetos de valor. Nuestro objetivo debe ser trabajar duro en nosotros mismos, más que en cualquier otra cosa. Dándole cuidadosa atención a nuestra filosofía, nuestra actitud y nuestra actividad, estaremos haciendo una positiva contribución a lo que nos estamos convirtiendo; y en el proceso de convertirnos en más de lo que ahora somos, atraeremos más de lo que ahora tenemos.

Los mejores resultados vienen de ser una mejor persona

Primero, nos convertimos en algo y, luego lo atraemos. Nos desarrollamos personalmente y, luego, materialmente. Desafortunadamente, la vasta mayoría parece que piensa lo contrario. Su filosofía es: "Si tuviera más dinero, sería una mejor persona." Pero ésa no es la manera en que la vida está diseñada para funcionar. Tener más no nos hace ser más. Sencillamente, magnificará lo mismo que ya somos. Aquellos que no son capaces de ahorrar centavos de sus magros ingresos, nunca serán capaces de ahorrar dólares de futuras fortunas. La misma disciplina que se necesita para poner unas pocas monedas en la alcancía todas las semanas, es la necesaria para abrir cuentas de ahorro y manejar una cartera de inversiones.

La conversación sobre nuestras intenciones de progreso solo nos llevará hasta donde estamos; y las promesas sobre el futuro solo nos comprarán un poquito de tiempo. Las promesas deben prontamente hermanarse con las realizaciones. Si los resultados no aparecen dentro de un periodo razonable de tiempo, correremos el riesgo de perder la confianza de los otros, además del propio respeto. Podremos encontrarnos entre aquellos que una vez creyeron y ya no creen en nosotros, y nos quedaremos sólo con nuestros bien intencionados, pero vacíos, pronunciamientos.

Bien vale la pena prevenir una pérdida de esta magnitud. El día que descubrimos nuestras pérdidas es cuando saborearemos la amarga píldora de nuestra negligencia. Es en ese día cuando, finalmente, experimentaremos la agonía, consecuencia del autoengaño, las dilaciones y las promesas incumplidas.

¿Leeremos los libros, haremos planes, utilizaremos bien el tiempo, invertiremos un poco de lo que ganamos, puliremos nuestras habilidades, atenderemos a clases y desarrollaremos nuevas destrezas, y nos rodearemos de mejores personas para mejorar nuestras opciones de éxito? ¿Diremos la verdad, mejoraremos nuestra capacidad de comunicar, usaremos nuestros diarios y daremos cuidadosa atención a todas las virtudes que el éxito requiere? ¿O nos contentaremos dejando que el tiempo se deslice por nuestros dedos como granos de arena, mientras perdemos lentamente la confianza en nosotros mismos, el respeto de otros y quizás algunas posesiones y valiosas relaciones, que nuestros esfuerzos del pasado atrajeron a nuestras vidas? ¿Nos quedaremos sentados, quietos, mientras que nuestros sueños se desvanecen en recuerdos y la esperanza le da paso al remordimiento?

Seguramente que no.

Las gratificaciones futuras siempre están allí esperándonos

Tan seguro como una vez soñamos, podemos soñar otra vez. Tan seguro como una vez creímos, podemos creer otra vez. No importa dónde estamos ahora, todavía tenemos la posibilidad de cambiarlo todo.

El viaje hacia el éxito es una larga jornada de miles de escalones; y empieza con un libro o una promesa finalmente cumplida. Empieza con el despertar de nuestro espíritu adormecido, logrando los sueños de todo lo que podríamos ser.

Cualquier día podemos escoger pararnos, dar ese primer paso en el viaje que nos llevará a una nueva y mejor forma de vida. No debemos esperar resultados únicamente porque hayamos empezado la actividad, pero, con un esfuerzo continuado y ciertos pasos, será seguro que vendrán las recompensas del futuro.

El valor de las nuevas habilidades

El desarrollo de nuevas habilidades es de vital importancia, si esperamos hacer un progreso mayor y mejorar el nivel de nuestro rendimiento. Una persona puede tumbar un árbol con un martillo, pero esto le podría tomar treinta días. Le tomará treinta minutos cumplir el mismo objetivo si aprende a usar un hacha.

La vida y el trabajo se vuelven fáciles cuando el conocimiento se combina con nuevas habilidades. Las habilidades son el refinamiento de nuestras actuales destrezas, agregadas a la adquisición de nuevos talentos. Es el resultado de la investigación guiada por la curiosidad. Es el resultado de la creatividad y la imaginación inteligente, aplicada a nuevos métodos. Es el producto del refinado intento de elevar la calidad a nuevos niveles. La habilidad es también una total comprensión de la tarea que tenemos a mano, producto del estudio paciente y la observación seria.

La habilidad es lo que adquirimos cuando una persona domina una tarea. Es tener la total confianza en nuestra destreza y en nuestro manejo de las complejidades del trabajo. La habilidad es el proceso de aprender. La habilidad es el resultado de ir acumulando una montaña de experiencia y dedicación sin fin, para hacer que las cosas buenas sean aun mejores.

Aquellos que van a poseer éxito y felicidad, primero deben dominar tantas habilidades como puedan reunir, mezclando cada una con el resto, hasta que, finalmente, emerge un talento único. Con el valor acumulado de nuestras habilidades y talentos, todas las cosas serán posibles.

El primer paso para conseguir mejores resultados

Qué tan dramáticamente podemos cambiar los resultados es, en gran parte, una tarea de la imaginación. En 1960 era una imposibilidad tecnológica que un hombre viajara al espacio exterior. En el término de diez años, sin embargo, el primer hombre puso un pie en la luna. El proceso milagroso de convertir el sueño en realidad comenzó con una voz que desafió a la comunidad científica, a hacer todo lo que fuera necesario para que Estados Unidos “colocara un hombre en la luna al final de la década”. Este desafío despertó el espíritu de una nación, plantando la semilla de alcanzar un futuro posible, en la fértil tierra de la imaginación. Con este contundente desafío, lo imposible se volvió realidad.

¿Puede una persona pobre convertirse en acaudalada? ¡Por supuesto! La combinación única de deseo, planificación, esfuerzo y perseverancia, siempre hará la magia. La pregunta no es si la fórmula del éxito funcionará, sino, más bien, si la persona trabajará la fórmula. Ésa es la variable desconocida. Éste es el desafío que todos enfrentamos. Todos podemos ir de donde sea que estemos, a donde sea que queramos estar. Ningún sueño es imposible, mientras tengamos el coraje de creer en él.

Si vamos a pagar el precio, heredaremos la promesa

Resolver una dificultad financiera es fácil. Pero, también es fácil no resolverla. Si las gratificaciones nos están eludiendo, el mejor lugar para empezar es con una mirada honesta a nuestros resultados.

Si no hay resultados, algo está mal. La falta de resultados es sintomática de un problema que necesita ser tratado y corregido. Ignorar el síntoma es, sencillamente, perpetuar la causa. Raramente un problema se repara a sí mismo. Al contrario, un problema descuidado se intensificará.

Aquellos cuyos esfuerzos han producido pobres resultados, frecuentemente tienen una larga lista de razones para justificar su escaso progreso. Para ellos, los puntos en la lista no son excusas: son razones. Culpan a la compañía o al jefe. Culpan a los impuestos. Culpan a sus padres, a sus maestros o al sistema. Algunas veces, inclusive, culpan al país.

Pero no hay nada malo con el país. Europa del Este derrumbó los muros sólo para saborear las oportunidades disfrutadas, por aquellos que trabajan bajo la bandera del capitalismo. Ellos enfrentarían gustosamente los desafíos, porque estuvieron por largo tiempo hambrientos de las gratificaciones. Sus industrias están compitiendo con las nuestras para producir nuevos productos, dar mejor servicio e introducir nuevas tecnologías, para crear nuevos resultados y nuevas recompensas para ellos mismos.

No hay falta de oportunidades en los Estados Unidos. Solamente, hay escasez de quienes aplicarán los puntos básicos que el éxito requiere.

Verificar frecuentemente los resultados

No podemos darnos el lujo de esperar diez años para ver si nuestro plan, nuestra filosofía, nuestra actitud o nuestros esfuerzos, necesitan ser modificados. El descuido y la demora pueden ser costosos.

El progreso debe ser medido sobre bases regulares. Verificar a intervalos regulares los indicadores claves en todas las áreas de nuestras vidas es el barómetro de un pensamiento responsable. Qué tan frecuentemente necesitamos verificar nuestros resultados, depende de qué tan lejos queramos ir. Mientras más grande la distancia, más frecuentemente necesitamos verificarlos. Si sólo vamos a ir a la siguiente cuadra, un desvío de unos pocos grados no va a significar mucha diferencia. Pero, si nuestra mira está fijada en una estrella distante, una falla de cálculo aun de un solo grado, puede llevarnos a millones de kilómetros de nuestro objetivo. Mientras más esperemos para descubrir este pequeño error de juicio, más difícil será el trabajo para devolvernos a nuestro curso original. Y una consecuencia más importante es que con el paso del tiempo, nuestro propio deseo de volver a nuestro camino tiende a disminuir. Podríamos aceptar lo poco que tengamos en ese momento y abandonar nuestros sueños de lo que queríamos ser.

Hacer medible el progreso en un lapso de tiempo razonable

Este es el gran desafío de la vida: hacer medible el progreso en un lapso de tiempo razonable. Esto es lo que crea el propósito y el valor en nuestras vidas.

Si debemos enfrentar el desafío con entusiasmo, y alguna esperanza de éxito, no podemos usar nuestras circunstancias como excusa, para fallar en hacer el progreso medible. Cuando las circunstancias hacen el progreso difícil, debe ser la señal para trabajar aún más fuerte, no para disminuir nuestros esfuerzos.

Las dificultades que encontremos servirán a un único propósito: para poner a prueba la fortaleza de nuestra resolución. Si lo que queremos es suficientemente fuerte, entonces, nos veremos impulsados a buscar soluciones. Si invocamos el poder de nuestra creatividad, e intensificamos los esfuerzos para superar cada nuevo problema, terminaremos acelerando nuestro progreso. Sin desafíos que capten nuestra atención, nos podría tomar dos veces más tiempo llegar a nuestro objetivo. Si el camino es fácil, tendemos a ir a un paso placentero, conformes con la creencia de que el éxito está en nuestras manos. Si la ruta está cargada de obstáculos, miraremos profundamente dentro de nuestro ser, buscando más ingenio, más habilidades y más fortaleza de la que nunca hayamos tenido. Conquistando estos desafíos, llegaremos a nuevos niveles de confianza en nosotros mismos, que nos impulsarán más rápido y más lejos, hacia nuestro inevitable éxito.

Si no estamos haciendo un progreso medible, en un lapso razonable de tiempo, puede ser posible que nuestras metas sean muy pequeñas. Es difícil entusiasmarse por pequeñas recompensas.

El problema también puede ser que realmente no creemos en nuestros sueños, o para ser más específicos, no creemos en las habilidades para hacer que ellos sucedan. En lugar de sentirnos desafiados por los obstáculos, los usamos como oportunidades para abandonar la confrontación. Por esto es que verificar nuestros resultados frecuentemente es tan importante. Si no estamos haciendo progresos en un lapso razonable de tiempo, claramente hay algo equivocado en nuestros objetivos o la ejecución de nuestros planes.

No importa lo que pase, nos pasa a todos

En el análisis final, todos enfrentamos más o menos las mismas circunstancias, en algún periodo de nuestras vidas. Algunos escogemos ponerlas como excusas de nuestro pobre rendimiento, mientras que otros usan las mismas circunstancias como una razón para impulsarse hacia nuevas alturas de realización.

Todos tenemos oportunidades mezcladas con dificultades. Todos tenemos tiempos de enfermedad, además de años de salud. Las tormentas caen por igual sobre los ricos que sobre los pobres.

No importa lo que pase, nos pasa a todos. La única diferencia es cómo enfocamos "las cosas que pasan". No es lo que pasa lo que determina la calidad de nuestras vidas; es lo que elegimos hacer con lo que pasa.

Hay una tendencia inherente a esperar los resultados cuando los queremos o cuando los necesitamos. Pero la ley de la siembra y la cosecha nos dice que para cosechar en otoño, primero debemos sembrar en primavera. Debemos usar el verano para ayudar a las plantas a crecer fuertes, protegiéndolas de invasiones, insectos devoradores y la mala hierba que las ahogará. Debemos continuar nuestras actividades a pesar de nuestras necesidades actuales. La cosecha vendrá seguro, pero vendrá en la estación que le corresponde:

"Para todas las cosas hay una estación, así como para cada propósito bajo los cielos: Un tiempo para nacer y un tiempo

para morir; un tiempo para plantar y un tiempo para cosechar lo plantado; un tiempo para sollozar y un tiempo para reír; un tiempo para sufrir y un tiempo para bailar; un tiempo para amar y un tiempo para odiar; un tiempo para la guerra y un tiempo para la paz".

Los resultados no responden a las necesidades. Los resultados responden al esfuerzo, al trabajo, a la actividad. Si hemos hecho nuestra parte, los resultados que necesitamos aparecerán en un lapso de tiempo razonable.

El desinterés intensifica los desafíos futuros

Aunque los desafíos cumplen la valiosa función de ayudarnos a obtener nuestras metas, no es necesario invitarlos deliberadamente a nuestras vidas.

En diez años más todos estaremos en alguna parte; la pregunta es: ¿dónde? Ahora es el momento de arreglar esos próximos 10 años. La vida nos presenta suficientes obstáculos sin necesidad de que nosotros mismos los atraigamos.

Una de las mejores formas de minimizar los desafíos futuros es anticipando los resultados de nuestro desinterés actual. Anticipar los resultados de nuestro desinterés empieza por hacerse preguntas importantes respecto a la atención que les estamos dando a los aspectos básicos.

¿Cuántos libros he leído en los últimos noventa días?

¿Con qué regularidad hice ejercicio el último mes?

¿Cuántos de mis ingresos invertí durante el año pasado?

¿Cuántas cartas escribí la semana pasada?

¿Cuántas veces he escrito en mi diario este mes?

La respuesta a éstas y a muchas otras preguntas nos dará una información vital sobre el potencial de progreso y futuras gratificaciones. Si no podemos disciplinarnos nosotros mismos en las pequeñas cosas, no tendremos la disciplina necesaria para capitalizar las grandes oportunidades cuando ellas aparezcan.

Cualquier error que derrotemos con actividad disciplinada pavimentará el camino de nuestro futuro éxito. Y es así como el rompecabezas de la vida es logrado: una victoria a la vez.

El valor de la confianza en la determinación de los resultados

Aquellos que persiguen una vida mejor nunca deben conformarse con menos de lo mejor que puedan hacer. Hacer menos que lo mejor tiene un efecto desastroso. Erosiona la confianza en nosotros mismos y disminuye nuestra autoestima.

Hacer menos de lo que podemos hacer, inevitablemente, afecta nuestra actitud. Nos lleva a un barril sin fondo de emociones degradadas, produce vergüenza y desalienta los resultados.

Hacer menos de lo que podemos crea culpa; la culpa lleva a la preocupación y la preocupación da lugar a la duda. Entonces, viene la inevitable pérdida de confianza en uno mismo, y los planos para el fracaso están virtualmente completos. Mientras menos capaces nos sintamos, menos haremos, y menor actividad significará menores resultados.

Y, cuando los resultados declinen, también lo hará nuestra actitud. La espiral negativa ha empezado y, pronto, nuestras vidas quedarán fuera de control.

¿Y cómo empezó todo esto? Cuando nos permitimos hacer menos de lo que podríamos haber hecho. El peso acumulado de las cosas que dejamos sin hacer mina nuestra confianza, no solo en nosotros mismos, sino, también, en la posibilidad de lograr un mejor futuro.

Pero, hay una solución para aquellos en los que su vida ha quedado atrapada en esta espiral negativa. Trabajando en nuestra actitud, nos colocamos en una mejor posición para empezar el proceso de tomar medidas. Con el incremento de las actividades podemos producir nuevos resultados. Y desde estos nuevos resultados, nuestra confianza puede empezar a renacer. Y a medida que nuestra confianza crece, nos empujamos hacia otras actividades, que producen nuevos resultados, lo cual mejora aun más nuestra actitud. Repentinamente, esa vida que estaba girando fuera de control, es nuevamente una vida que está siendo halada hacia el futuro. Todo empieza con hacer lo que sea necesario para cambiar nuestra actitud: el punto de partida de todo progreso y logro humano.

Algunas veces, la mejor receta para una actitud pobre es la actividad. Podemos encontrarnos con una actitud aceptable, y sólo necesitamos involucrarnos al aplicar nuestros talentos. Se ha dicho sabiamente: "Débil es el que permite que su actitud controle sus acciones; y fuerte es el que fuerza sus acciones a controlar sus pensamientos." Independientemente de que la receta del éxito comience con actividad o actitud, el paso esencial es trabajar en la una o en la otra. La inactividad, sin importar la causa, es inaceptable.

La acción puede empezar por escribir esa larga carta tantas veces pospuesta, o esa difícil llamada telefónica. Puede ser la compra de un diario de vida o la lectura de un libro. O puede ser el simple hecho de apagar la radio y, en su lugar, poner el CD que le proveerá nuevas reflexiones.

En cualquier momento en que nuestras vidas se hayan complicado, lo único que tenemos que hacer es encontrar algo que valga la pena hacer, para cambiar las cosas hacia lo positivo. Y tenemos que hacerlo con indiscutible confianza desde el principio. Tendremos que hacerlo, a pesar de la presencia del miedo. Porque, inevitablemente, nuestras dudas y temores se apartarán cuando entre al escenario nuestro decidido compromiso de tomar acción. Los resultados producidos por estas acciones iniciales se convertirán en los cimientos sobre los cuales construiremos una nueva vida.

Los resultados son más que un objetivo: son las semillas de la felicidad y prosperidad futuras. Cualquier resultado que experimentemos, no importa qué tan pequeño sea, es otro paso firme hacia una vida de realizaciones.

¿Qué tan lejos podemos llegar?

Parece que toda forma de vida en este planeta, se esfuerza para lograr su máximo potencial... excepto, los seres humanos.

Un árbol no llega hasta la mitad de su tamaño potencial y luego dice: "Creo que lo logré". Un árbol lleva sus raíces tan profundamente como le sea posible. Se alimenta tanto como puede, se eleva y se agranda tanto como la naturaleza le permite, y luego, mira hacia abajo como si nos recordara cuánto más podríamos llegar a ser.

¿Por qué los seres humanos, probablemente la forma de vida más inteligente sobre la tierra, no nos esforzamos para alcanzar nuestro máximo potencial? ¿Por qué es que nos permitimos parar en la mitad del camino? ¿Por qué no estamos constantemente esforzándonos para llegar a ser lo que podemos ser? La razón es simple: tenemos la libertad de elegir.

En la mayoría de los casos elegir es un don, si hacemos todo lo que podemos con nuestras habilidades y oportunidades; aunque algunas veces el don de elegir puede ser más una maldición que un don. A menudo, escogemos hacer mucho menos de lo que podemos hacer. Preferimos relajarnos a la sombra de un gran árbol, que emular sus esfuerzos por alcanzar su tamaño.

Las dos opciones que enfrentamos

Cada uno de nosotros tiene dos opciones diferentes para escoger sobre lo que queremos hacer con nuestra vida. La primera es: ser menos de lo que tenemos capacidad de ser. Ganar menos. Tener menos. Leer y pensar menos. Intentar menos y disciplinarnos a nosotros mismos lo menos posible. Éstas son las opciones que guían a una vida vacía. Son las opciones que una vez elegidas, nos llevan a una vida de constante temor, en lugar de a una vida de maravillosa anticipación.

¿Y cuál es la segunda opción? ¡Hacerlo todo! Llegar a ser todo lo que es posible ser. Leer tanto como sea posible. Ganar tanto como sea posible. Dar y compartir tanto como sea posible. Esforzarnos, producir y lograr tanto como sea posible. Todos tenemos esta opción.

Hacer o no hacer. Ser o no ser. Ser todo o ser menos, o ser absolutamente nada.

Como el árbol, podría ser un digno desafío para todos estirarnos y agrandarnos hasta llegar a la máxima medida de nuestras capacidades. ¿Por qué no hacemos todo lo que podemos, cada momento que podamos, lo mejor que podamos, por todo el tiempo que podamos?

Nuestro objetivo final para la vida debería ser: crear tanto como nuestro talento, habilidad y deseo nos lo permitan. Conformarse con hacer lo menos que podemos hacer, es fallar en esta digna misión.

Los resultados son la mejor medida del progreso humano. No las conversaciones, ni las explicaciones. No las justificaciones. ¡Los resultados! Y si los resultados son menores que lo que deberían ser, entonces, debemos esforzarnos por ser mejores hoy de lo que fuimos ayer. Las mejores recompensas siempre están reservadas para aquellos que aportan gran valor a sí mismos y al mundo que los rodea, como resultado de lo que finalmente se convirtieron.

CAPÍTULO CINCO

ESTILO DE VIDA

La mezcla final de nuestra filosofía, actitud, actividad y resultados es lo que crea lo que llamamos *estilo de vida.*

Estilo de vida es cómo escogemos vivir y cómo diseñamos nuestras vidas. Es la comprensión sofisticada de la diferencia entre las baratijas y los tesoros de la vida.

Muchos han aprendido a *ganar* bien, pero aún no han aprendido a *vivir* bien. Es como si hubieran decidido esperar hasta volverse ricos para empezar a practicar la sofisticación. Lo que ellos no han entendido es que la práctica de la sofisticación es de alguna manera, la causa de la riqueza, tanto como el resultado de la riqueza.

Algunos atribuyen su pobre actitud sobre la vida a su bajo nivel de ingresos. Sostienen que si alguna vez solucionan sus problemas de dinero, nos mostrarían todo lo que la felicidad significa. Obviamente, no han descubierto que fue su fracaso para encontrar la felicidad en el pasado lo que afectó su actual nivel de ingresos. Si continúan con este error de juicio, su infelicidad presente determinará sus futuros ingresos. Hasta que descubran que la felicidad es parte de la causa y que la riqueza es solamente un efecto, difícilmente cambiarán sus circunstancias.

El estilo de vida es un reflejo de nuestra actitud y nuestros valores

Como ya hemos visto, la forma en que nos sentimos y nos estimamos, es parte del proceso mental que finalmente determinará lo que seremos capaces de atraer a nuestras vidas. Si no estamos contentos con nuestras circunstancias actuales, podemos empezar a cambiarlas, simplemente, cambiando la forma en que pensamos y sentimos. El estilo de vida es también una función de este proceso de pensamiento. Cualquier día podemos elegir que queremos alterar nuestro estilo de vida, cambiando la forma en que nos sentimos y tomando mejores decisiones respecto a lo que consideramos valioso.

Lo interesante sobre el estilo de vida, es que podemos tener todo esto ¡ahora! No tenemos que esperar hasta que seamos ricos, poderosos o famosos para experimentar felicidad. No tenemos que posponer la apreciación por las cosas finas de la vida hasta que alcancemos nuestras metas profesionales. Podemos vivir una vida alegre y gratificante como lo deseamos, empezando desde ahora.

Cualquiera puede donar dinero a una institución. Pero, la verdadera satisfacción está en darnos a nosotros mismos y a nuestro tiempo.

Por un poco más de lo que vale un boleto para el cine, cualquiera puede ir al concierto de una orquesta sinfónica. La música es igualmente conmovedora escuchada desde el fondo del salón, durante una función vespertina, que en un palco privado en la noche de apertura.

No tiene que poseer un Rembrandt para apreciar su increíble genio.

Entregar con sinceridad, una sola rosa, puede ser más significativo que una docena de orquídeas.

El precio de entrada a una fabulosa puesta de sol es todavía gratis.

No tenemos que ser ricos para vivir como ricos. Toda la felicidad y satisfacción que queramos puede ser nuestra ahora mismo, simplemente, cambiando cómo nos sentimos y cómo pensamos sobre este concepto llamado estilo de vida.

El estilo de vida no es una cantidad

La cultura no es una cantidad. La sofisticación no es una cantidad. Y tampoco lo es el estilo de vida. Son artes para ser practicados por aquellos que desean tener más de la vida. Para convertirse en maestros de estas artes, la práctica debe empezar con lo que actualmente tenemos.

Cada uno de nosotros, independientemente de nuestras circunstancias, puede empezar el arte de practicar la sofisticación en cualquier momento. Por ejemplo, todos estamos familiarizados con el proceso de dar propinas a aquellos que nos proveen un servicio en un restaurante. Pero, pocos de nosotros, sabemos el origen y propósito de dejar una propina. La palabra "propina" viene de su origen en inglés (tip) que es una abreviación de la frase "To Insure Promptness" (Asegurar Prontitud). Asegurar Prontitud implica que la propina debería darse antes de recibir el servicio, no después.

Un enfoque sofisticado de cenar fuera es: darle la propina por adelantado a la persona que nos va a servir por el servicio que estamos esperando, no después. Desde luego, el nivel del servicio estará muy por encima del promedio. Para agregarle algo único a este acto, podríamos combinarlo con algunas palabras y gestos particulares tales como: "Mis invitados de esta noche son muy especiales y quiero darles la mejor experiencia posible. Deseo que usted se asegure que sean bien atendidos, por lo tanto, aquí tiene algo especial para usted".

Esta breve conversación, combinada con una pequeña cantidad de dinero que es lo único requerido, hará maravillas. Será especialmente efectiva, si las palabras son dichas con sinceridad y acentuadas con una cordial sonrisa. Esto es de lo que trata la sofisticación: encontrar vías sencillas para vivir de una manera única. Cualquiera puede hacerlo. Es fácil hacerlo.

También es fácil no hacerlo. Es fácil comer, tolerar un mal servicio, molestarse y arruinar la ocasión especial, por no hacer esa cosa pequeña, pero especial, que significaría una extraordinaria diferencia.

El estilo de vida no es nada más que el arte de hacer las cosas ordinarias, extraordinariamente bien. No es levantarnos de la mesa, y debido al mal servicio, tirar un par de monedas en la mesa y darle una mirada furiosa al mesero, cuando estamos saliendo. Imagine el efecto que esta poca sofisticada conducta, va a tener en las personas que usted quería impresionar. Un evento potencialmente memorable se convertiría en una pesadilla, y todo por perder la oportunidad de tomarse un breve momento, invirtiendo poco dinero, para asegurar prontitud.

Debemos aprender a gastar pequeñas sumas de dinero con buen gusto, antes de siquiera pensar en dominar el arte de manejar grandes gastos con sofisticación.

El estilo de vida es un reflejo de quiénes somos y cómo somos

Nuestro estilo de vida es un mensaje que comunica claramente quiénes somos y cómo pensamos. El estilo de vida es a dónde vamos, qué hacemos y cómo nos sentimos una vez que estamos allá. El estilo de vida es cómo nos vestimos, qué auto conducimos y qué tipo de diversiones escogemos.

El estilo de vida es una mezcla de sustancia así como de estilo, refinamiento así como inteligencia, control emocional en momentos de desafío, lo mismo que descarga emocional en momentos de gozo y felicidad.

La gente exitosa, y aquellos que persiguen seriamente el éxito, tienden a comunicar el nivel de sofisticación e inteligencia que han adquirido. La forma en que se manejan deja pocas dudas respecto a la intensidad de su búsqueda de desarrollo personal y realizaciones.

Todo está relacionado con enviar mensajes a otros respecto a nuestro nivel de intensidad. Las cosas que hacemos, las cosas que decimos, incluso nuestra apariencia, sugiere una actitud interna hacia la vida. Si gastamos más dinero en pastelitos que en libros, sugiere algo sobre la sinceridad de nuestro deseo de progreso personal.

Así sea que dediquemos toda una tarde frente a la computadora o viendo televisión, o que la gastemos hablando con nuestros hijos o divirtiéndonos con nuestros "amigotes de la oficina", el estilo de vida es función de la actitud y los valores personales. Todos podemos darnos el lujo de vivir mejor. No se necesita más dinero para cambiar la forma en que vivimos. Se necesitan más pensamientos intencionados y una mejor apreciación de los valores reales de la vida.

El estilo de vida no es una gratificación automática

El estilo de vida significa diseñar formas para vivir la vida de manera única. Es una habilidad que se debe dominar, no una condición para ser perseguida. El estilo de vida es encontrar nuevas maneras de traer gozo, placer, emoción y sustancia a nuestras vidas, y a las vidas de aquellos que nos importan, mientras estamos trabajando en nuestras metas, no una vez que las hayamos logrado. Una vida de abundancia no necesariamente significa un estilo de vida agradable.

Muchos de nosotros soñamos con volvernos ricos, teniendo una hermosa casa atendida por otros para que seamos libres de disfrutarla. Soñamos con ganar loterías que nos permitan dejar nuestros trabajos y salir en busca de una mejor vida. Soñamos con choferes que manejen nuestros autos y sirvientas que nos atiendan de tal manera, que podamos tener todo el tiempo del mundo para hacer lo que queramos.

La gran pregunta es: ¿qué podríamos hacer? En un muy corto período de tiempo, mucho de lo que un día soñamos, podría convertirse en algo tan poco inspirador como nuestro actual estilo de vida. No hay tantos viajes, tantas fiestas, tanto dormir y tanto "disfrutar" que podamos experimentar, antes de que se vuelva tedioso.

No es una vida de diversión y risas sin fin lo que estamos persiguiendo, entonces, ¿qué es lo que estamos buscando?

¿Qué es lo que llamamos estilo de vida?

Todos podemos tener diferentes opiniones sobre lo que es el estilo de vida, pero espero que todos estemos de acuerdo en lo que no es: no es algo que obtengamos simplemente como resultado de tener más. El estilo de vida es un resultado de vivir más... vivir más completamente, vivir más conscientemente, vivir más gozosamente, apreciando más. Mientras más vivamos completamente, más haremos y en más nos convertiremos. El estilo de vida no es una gratificación por todos nuestros esfuerzos; es una forma de hacer nuestros grandes esfuerzos más gratificantes, más significativos y finalmente más productivos.

El estilo de vida deber ser estudiado así como practicado

Si queremos ser ricos, debemos estudiar la riqueza; si queremos ser felices debemos estudiar la felicidad. La combinación de estos dos estudios crea el aura que llamamos estilo de vida.

Muchas personas no piensan que la riqueza y la felicidad puedan ser estudiadas. Su plan para encontrar la felicidad consiste en transitar a través del día con los dedos cruzados, esperando que, de alguna manera, algo funcione para hacerlos felices. Pero, la felicidad es un arte, no un accidente. No es algo que cae del cielo. La felicidad es una emoción única que, erróneamente, creemos que sólo viene a nosotros cuando somos exitosos; pero la felicidad debe preceder el logro del éxito. La felicidad es tanto causa del éxito como resultado del mismo; y podemos empezar a experimentar felicidad en el momento en que lo deseemos, independientemente de nuestras actuales circunstancias.

Aprenda a ser feliz con lo que tiene, al tiempo que se esfuerza por lo que quiere

Cada uno de nosotros puede diseñar su propia vida feliz. Podemos diseñarla y experimentarla. No tenemos que esperar. Esperar solamente prolongará la agonía del mal servicio, el mal temperamento, arruinará los momentos de alegría y la vida continuará como siempre.

Este exquisito sentimiento llamado felicidad puede empezar donde quiera y como quiera que estemos, porque no tiene nada que ver con las cosas. Tener más no es la respuesta para encontrar la felicidad. Si podemos contar nuestras bendiciones con solamente dos o tres dedos, poner diamantes en ellos no nos va a dar más bendiciones. Si no pudimos desarrollar amistades significativas cuando nuestros recursos eran escasos, no lo vamos a hacer mejor buscando y manteniendo buenos amigos cuando nuestras finanzas mejoren. La experiencia de una relación significativa con alguien que ha estado con nosotros durante los buenos y malos tiempos, que nos conoce y a quien le importamos, de una manera tal que nos hace sentir bien sólo porque ellos están en este mundo, es algo que no podemos darnos el lujo de posponer.

Sentimos la misma felicidad en observar a nuestros hijos aprender a montar en una bicicleta de segunda mano, que si lo hicieran en una nueva. ¿Vamos a negarnos a nosotros mismos esta increíble experiencia, simplemente, porque no podemos comprar los mejores y más costosos juguetes ahora mismo?

La felicidad no es algo que podamos sacar de nuestra cuenta bancaria. Es algo que sacamos de la vida y de aquellos que nos rodean. No hay nada malo con querer más para nosotros y para nuestras familias. Pero eso no significa que debamos experimentar menos de los tesoros de la vida porque tenemos menos, o porque los apreciamos más cuando tenemos más. Si no aprendemos a ser felices con lo que tenemos ahora mismo, no vamos a ser felices aunque tengamos una enorme fortuna.

Donde quiera que esté, ESTÉ ahí

Una de las mayores razones por las cuales fallamos en encontrar la felicidad o en crear un estilo de vida único, es porque nosotros no dominamos todavía el arte de ser.

Cuando estamos en casa, nuestros pensamientos siguen dedicados a resolver los desafíos que enfrentamos en la oficina. Y cuando estamos en la oficina, posiblemente nos encontramos pensando sobre los problemas en casa.

Pasamos el día sin escuchar realmente lo que otros nos están diciendo. Posiblemente, estamos oyendo las palabras, pero no estamos captando el mensaje.

A lo largo del día, nos encontramos focalizándonos en pasadas experiencias o posibilidades futuras. También en el ayer y en el mañana, de tal manera que ni siquiera notamos que el día transcurrió.

Vamos a través del día, antes que obteniendo algo del día. Estamos en cualquier parte, en un momento dado en el tiempo, excepto viviendo ese momento en el tiempo.

El estilo de vida es aprender a estar, donde sea que usted esté. Es desarrollar un enfoque único en el momento actual y sacar de él toda la sustancia y riqueza de experiencias y emociones que ese enfoque tiene para ofrecer. El estilo de vida es tomarse el tiempo para mirar la puesta de sol. El estilo de vida es escuchar el silencio. El estilo de vida es capturar cada momento, para que se vuelva parte de lo que somos ahora y de lo que somos en el proceso de convertirnos en algo más. El estilo de vida no es algo que hacemos, es algo que experimentamos. Y hasta que no aprendamos a estar allá, nunca dominaremos el arte de vivir bien.

Dejar que la vida nos toque

Hay un mundo de diferencia entre ir a París y experimentar Paris. Ir es una actividad física básica; experimentar es un rico evento emocional.

Para experimentar la vida, debemos dejar que nos toque. Y no solamente por las experiencias positivas. También debemos ser tocados por las penas y las tristezas. Por las pérdidas y las añoranzas. Las emociones enriquecen nuestras vidas y crean un aspecto único en términos de quiénes somos y cómo vivimos.

Para vivir una vida única, primero, debemos convertirnos en individuos únicos, experimentando un amplio rango de emociones y circunstancias humanas. Únicamente cuando hayamos experimentado el espectro total de la existencia humana, podemos empezar a diseñar una vida con sustancia.

Todo progreso empieza con una emoción. No atraemos una mejor vida solamente por quererla, la atraemos adoptando las emociones que poseen aquellos con "una mejor vida". Si queremos ser felices, empecemos por pensar, sentirnos y actuar "felices".

Si queremos ser ricos, empecemos por pensar, sentirnos y actuar como "ricos".

Cualquier padre que quiera capturar el aprecio y atención de su familia con sus actuales recursos, no tiene que esperar la riqueza para descubrir cómo compartir la felicidad. No tiene que esperar para poder ser único. No tiene que posponer la experiencia de la felicidad y de un estilo de vida único, porque está al alcance de su presente situación. De hecho, practicando lo que está a su alcance, extenderá su alcance. Solamente, tiene que empezar en el lugar donde está y con lo que tiene. Únicamente debe transmitir felicidad a sus posesiones en este momento.

La felicidad es sorprender a su hija con el boleto de un concierto, cuando esto es todo lo que puede hacer; es tan gratificante como darle un auto nuevo. Esto es especialmente cierto, si en el pasado, estuvo discutiendo con su hija respecto a "botar dinero en esas tonterías". Imagine al padre, la cabeza de la familia, que quiere ser rico y sofisticado, tirándole a su hija el dinero para comprar el boleto para el concierto, con una expresión de reproche por algo que al final es ¡tan importante para ella!

Mucho mejor hubiera sido si un día hubiera sorprendido a su hija comprándole usted el boleto por adelantado, entregándoselo a ella, de manera especial y con esas pocas, pero especiales palabras. Mucho más significativo todavía si ese padre hubiera comprado dos boletos para ir al concierto con su hija. Quizás le hubiera podido agregar un toque de elegancia, combinando el concierto con una cena privada en ese lugar especial, donde la comida y el servicio son extraordinarios y únicos por la forma en que él dio su propina.

Esto es lo que es el estilo de vida: encontrar formas únicas de transformar posibilidades emocionales en experiencias significativas, que están dentro de nuestros medios actuales.

Podemos empezar ahora mismo, ofreciendo todo lo que está dentro de nuestras posibilidades de compartir, tanto si ofrecemos nuestro tiempo como nuestro hombro para que puedan llorar sobre él, una palabra de sincero aprecio o nuestra completa atención, solamente estando allí y viviendo realmente el momento, ¡qué gran experiencia podría ser!

No debemos dejar que los años, las circunstancias y las pequeñas oportunidades de crear momentos de felicidad se nos escapen. Si continuamos esperando hasta que tengamos los recursos para hacer las grandes cosas, antes de que dominemos el arte de experimentar todo lo que la vida actualmente nos ofrece, podemos encontrarnos con que hemos esperado demasiado.

Empecemos hoy mismo la creación de ricas experiencias y recuerdos, que perduren en los corazones de aquellos que amamos mucho, después de que nos hayamos ido.

El estilo de vida es una fuente de gozo y plenitud que está disponible para todos nosotros, sin importar nuestras circunstancias actuales. Está dentro del alcance inmediato para cualquiera que tenga la voluntad de estudiarlo seriamente.

Nuestras vidas estarán llenas de oportunidades, si experimentamos nuevos niveles de felicidad, sofisticación y aprecio. Todo lo que se requiere es un cambio mental y la decisión de experimentar todo ahora. Y en la medida en que demostremos nuestro nuevo compromiso de aprovechar aun las más pequeñas oportunidades que aparezcan en nuestro camino, veremos que la vida nos enseñará que las más grandes experiencias que jamás soñamos, no demorarán en convertirse en nuestra más certera gratificación.

CONCLUSIÓN

DESARROLLAR EL SENTIDO DE LA URGENCIA

Resumiendo lo que hemos compartido en este libro, puede ser apropiado decir que el fracaso o el éxito dependerán al final, de tres cosas fundamentales:

Lo que sabemos;

Lo que sentimos respecto a lo que sabemos; y

Lo que hacemos con lo que sentimos y lo que sabemos.

Pero hay otro aspecto básico que debemos dominar, si somos realmente serios sobre hacer cambios significativos en nuestras vidas. Este último aspecto básico es el adhesivo que mantendrá unidas todas las piezas del rompecabezas de la vida.

Es bastante posible que aún después de aplicar todos los principios que hemos discutido en este libro, algunas personas todavía se queden cortas en el logro de sus objetivos. A pesar de todos sus esfuerzos por refinar su filosofía, desarrollar una actitud que conduzca al éxito, trabajar duro en ellos mismos, estudiar sus resultados y vivir un estilo de vida más único; todo con lo que ellos soñaron en convertirse, tener y experimentar, todavía sigue eludiéndolos.

¿Por qué aquellos que parecen ser tan serios sobre hacer estos importantes cambios, todavía andan rondando en círculos en lugar de moverse hacia adelante? ¿Por qué aquellos que plantaron sus semillas fracasaron en obtener una cosecha abundante?

La zona de comodidad

Posiblemente, parte de la respuesta a esas preguntas sea que esto sucede porque actualmente ya tenemos mucho y, entonces, tendemos a conformarnos con muy poco.

Casi todo el mundo tiene un lugar donde vivir, teléfono, televisión, auto y alguna fuente de ingresos. Tenemos ropa para ponernos y comida. Con nuestras necesidades básicas cubiertas, derivamos hacia un peligroso lugar llamado: "la zona de comodidad". Nos hacen falta o bien la sensación de abrumadora desesperación o la increíble fuerza de la inspiración para volvernos a poner en acción. Con frecuencia deseamos más. Con frecuencia queremos más. Pero no tenemos ni la urgente necesidad, ni el urgente deseo de hacer todo lo que implica tener más.

El aspecto más peligroso de la zona de comodidad es que parece afectar nuestro oído. Entre más confortables estemos, menos atención pondremos al tic-tac del reloj. Porque siempre parece haber tanto tiempo por delante, que con muy poca inteligencia malgastamos el momento presente. Lo usamos para entretenernos antes que para prepararnos.

Aquellos que viven en la zona de comodidad, parecen haber desarrollado una extraña filosofía sobre la inmortalidad humana. "Tengo todo el tiempo que necesito para tallar mi propia historia de éxito personal. Siempre hay un mañana. La próxima semana, el próximo mes o el próximo año. No hay ningún motivo de preocupación. No hay ninguna necesidad real de hacer ahora algo para cambiar. Después de todo, no siempre será de la misma manera... Para esta misma época el próximo año, las cosas serán diferentes para mí."

Y por ahora, en este momento y en este día, aquellos que están llenos de buenas intenciones para mejorar sus circunstancias, permanecen contentos con las cosas como están. Hoy será un día de relajación, para hacer más planes o para mirar un poco de televisión, o para reunir fuerzas para la ofensiva contra la mediocridad que empezará mañana.

"Mañana me levantaré temprano, y estaré despierto hasta tarde e invertiré todos mis talentos y recursos, con el propósito de hacer dramáticos cambios en mi vida", dicen las personas con buenas intenciones pero sin sentido de urgencia. "Leí tres libros el mes pasado. Creo que puedo tomarme libre este mes. Trabajé duro esta semana, luego pienso que me puedo relajar mañana. Probablemente, debería hacer esa llamada hoy... pero quizás otro día. Mañana lo haré".

Pequeños errores de criterio, repetidos todos los días...

Hoy es el mañana de ayer

El problema de esperar hasta mañana es que cuando finalmente llega, se llama hoy.

Hoy es el ayer de mañana. La pregunta es: ¿qué hicimos con esa oportunidad? Con mucha frecuencia desperdiciamos el mañana, como desperdiciamos el ayer y como estamos desperdiciando el hoy. Todo lo que se había podido lograr fácilmente nos elude, a pesar de nuestras intenciones, hasta que inevitablemente descubrimos que lo que debía haber sido, se nos ha escapado por un día no usado cada vez.

Cada uno de nosotros debe hacer, frecuentemente, una pausa para recordarnos que el reloj está marchando. El mismo reloj que empezó a hacer tic-tac en el momento de nuestro primer aliento y que un día dejará de sonar.

El tiempo es un gran ecualizador para toda la humanidad. Nos quita lo bueno y lo malo de nosotros, sin ninguna consideración.

El tiempo ofrece oportunidades, pero demanda sentido de urgencia.

La advertencia de los dos minutos

Es muy interesante mirar los partidos de fútbol americano los domingos en la tarde. Emplean los primeros 58 minutos del juego siguiendo rutinariamente el plan de juego que piensan resultará en una victoria. Entonces, algo notable pasa: un árbitro entra al centro de la cancha y anuncia lo que se ha dado a conocer como "la advertencia de los dos minutos." Lo que pasa en los siguientes 120 segundos es impresionante. Con frecuencia seremos testigos de una mayor intensidad, más inteligencia, más energía y más acción compactada en esos dos minutos finales, que todo lo que ocurrió en los previos cincuenta y ocho.

¿Por qué?

La súbita conciencia de la inminente derrota, y el nacimiento de un nuevo y agudo sentido de urgencia. Los participantes saben que el reloj no muestra ningún favoritismo. El reloj sólo hará lo que los relojes se supone que hagan: marcará los segundos hasta que el juego finalmente se termine.

El equipo que se encuentra en el umbral de la derrota, debió haber mostrado un extraordinario nivel de ingenio e intensidad, en cualquier momento del juego. Tuvo el potencial y la oportunidad de superar a su oponente más temprano en el juego. Pero, algunas veces, a pesar de sus intenciones, los jugadores sólo hacen el esfuerzo promedio hasta que es demasiado tarde. Algunas veces, el silbato del árbitro anunciando la advertencia de los dos minutos es, simplemente, una formalidad que significa una inevitable derrota.

Y lo mismo sucede con los seres humanos. Los segundos se convierten en minutos, los minutos en horas y las horas en días, hasta que nos despertamos una mañana para descubrir que los momentos de oportunidad ya se fueron. Gastamos nuestros últimos años de vida reviviendo sueños que habrían podido ser, arrepintiéndonos de lo que nunca fue y nunca será.

Cuando el juego de la vida finalmente se termina, no hay una segunda oportunidad de corregir nuestros errores. El reloj que está marcando los segundos que se van de nuestras vidas, no entiende de perdedores o ganadores. No le importa quién tuvo éxito o quién fracasó. No le importan las excusas. El único asunto esencial es cómo jugamos el juego.

Independientemente de la edad de la persona, debe existir un sentido de urgencia que lo lleve a la acción ahora, en este mismo momento. Constantemente, debemos estar conscientes del valor de cada uno de los momentos de nuestras vidas, momentos que podrían parecer tan insignificantes que su pérdida pasa desapercibida frecuentemente.

Todavía tenemos el tiempo que necesitamos. Todavía tenemos muchas oportunidades... Muchos años para mostrar lo que podemos hacer. Para la mayoría de nosotros habrá un mañana, una próxima semana, un próximo mes, un próximo año. Pero, a menos que desarrollemos el sentido de urgencia, esas breves ventanas de tiempo serán tristemente desperdiciadas como lo fueron las semanas, meses y años antes de ellos. ¡No hay una cantidad ilimitada!

Aprenda a mirar la fotografía del futuro por adelantado

Si podemos capturar una fotografía en nuestras mentes de cómo lucirá el futuro, dada nuestra actual dirección, posiblemente podamos volvernos más serios sobre nuestras vidas. La siguiente historia ilustra dramáticamente las consecuencias de no desarrollar un sentido de urgencia.

Un día un hombre estaba sentado en su pequeño bote en el río Niágara. Las aguas estaban calmadas, la brisa era suave y el sol brillaba en un cielo sin nubes. Sólo unos momentos antes, el hombre se había alejado de la rivera, pero, aun así, la orilla se veía a unos pocos metros. No había ningún motivo de preocupación. Una vez que preparó su anzuelo y tiró la línea en el agua, su mente empezó a vagar.

Y lo mismo pasó con su pequeño bote. El movimiento era lento e imperceptible al principio, con el bote haciendo lo que cualquier bote hace cuando se lo deja a la deriva en una corriente suave. Pero, todos los movimientos llevan hacia un eventual destino y si no se corrige, se podrán dirigir hacia alguna extraña y nunca vista fuerza.

Con sus preocupaciones del momento, el hombre no se dio cuenta de que el movimiento de su bote se aceleraba. Sus pensamientos todavía estaban en la pesca, como habían estado toda la semana en anticipación a este paseo. Ya habría mucho tiempo para las cosas serias. Por el momento, al menos, él continuó relajado y disfrutando. Ignoraba los desafíos de la vida y usaba esta hora permitiéndose estar a la deriva.

Sin advertencia, sus pensamientos fueron sacudidos de donde quiera que estuvieran vagando, de vuelta al presente. El sonido no parecía venir de ninguna parte, distante al principio, pero en un abrir y cerrar de ojos, se intensificó y ahora era casi ensordecedor. Su atención se sintió atraída por el sonido y por el movimiento, ya que su pequeño bote estaba siendo impulsado a través de aguas que ya no eran calmadas ni tranquilas.

Por primera vez, miró a su alrededor y se dio cuenta que la orilla del río se había alejado, como si hubiera hecho el viaje por su cuenta. Su pequeño bote no tenía motor y sólo había salido con un remo. Aparentemente, no había necesidad de motor o remos.

Luchó para comprender qué era lo que estaba pasando; era como si se hubiera movido de la calma, la serenidad y la seguridad del ambiente, hacia una desenfrenada turbulencia de circunstancias más allá de su control.

En un instante, la realidad de su predicamento apareció claramente. El atronador sonido, la espuma creciente, la bruma y el descontrol de su bote, crearon una fotografía instantánea de sus horribles circunstancias. Él mismo se había lanzado en su pequeño bote hacia el río Niágara y quedado a la deriva hasta el umbral de las cataratas.

Por su mente, pasaron una colección de pensamientos y emociones. Si solamente hubiera pensado sobre las consecuencias de dejarse a la deriva. Si solamente hubiera estado mejor preparado y hubiera equipado su bote con un motor, por si acaso; si solamente se hubiera dado cuenta antes; o si solamente...

Sólo hasta este momento, el hombre se dio cuenta que una multitud se había reunido a lo largo de las riveras del río, a medida que se había esparcido el rumor de que un bote se estaba dirigiendo hacia la cascada y que el desastre era inevitable. Aunque sabían lo que iba a pasar quisieron ayudar, un intento de rescate a esta criatura sin esperanza sólo hubiera servido para poner en riesgo su propia seguridad. Algunos hicieron fútiles esfuerzos de tirar cuerdas o sostener ramas de árboles, pero la mayoría se quedó en absoluto silencio, siendo testigos de una tragedia que no debió haber pasado.

Por un fugaz momento, él sintió la inminente condena de su propia negligencia. Fue víctima de sus propias preocupaciones, de su descuido y de la falta de atención a los detalles, en un medio ambiente que tenía la capacidad de literalmente tragarse su existencia, sus oportunidades y sus habilidades; y poner fin a sus sueños en un breve instante.

Su último pensamiento fue sobre cómo haría las cosas diferentes, si tuviera una segunda oportunidad. Sus pensamientos pasaron por su mente con la misma velocidad del agua sobre el borde de las cataratas, precipitándose hacia su destino final, decenas de metros abajo.

Si hubiera tenido una segunda oportunidad, se hubiera permitido ver la posibilidad del futuro desastre con anterioridad. Hubiera podido visualizar, claramente, en su mente antes de que el evento tuviera lugar en la realidad. Hubiera anticipado, ciertamente, las consecuencias de su negligencia. En su imaginación hubiera visto levantarse la espuma, el rugir de las cataratas y sentido su acelerado rumbo, de tal manera, que hubiera actuado sin demora para moverse rápidamente hacia la seguridad de la rivera.

Si hubiera podido ser salvado de las aguas, en lugar de ser consumido por ellas, hubiera puesto un nuevo valor a su talento, sus oportunidades y su tiempo. No hubiera permitido a la frivolidad capturar su atención, ni tampoco que su deseo de descanso y relajación le hiciera perder el enfoque de la necesidad de intensa labor y progreso medible.

Pero, desafortunadamente, simplemente se quedó sin tiempo.

Examinando nuestro rumbo actual

Y esto es lo que pasa con nuestras vidas. Todos estamos derivando en alguna dirección incluso en este mismo momento. La única cosa que podemos determinar con cierto grado de exactitud, es hacia dónde nos está llevando nuestro rumbo actual. Lo que nos es desconocido es si todavía tenemos suficientes tic-tacs en nuestro reloj personal para que tengamos tiempo de cambiar.

Para algunas personas, sus acciones pasadas los han puesto en un curso que amenaza con comprometer su futuro; y todavía no están tomando las acciones correctivas inmediatas. Se permiten estar a la deriva y su negligencia continúa sin cambiar. Permiten que el deseo de entretenerse someta su apetito por la educación. En lugar de estar buscando, están perdidos. Están inclinados a pensar que sus pequeños errores, negligencias o errores de juicio, realmente, no tienen tanta importancia. Todavía no han aprendido que todo afecta a todo lo demás, que sus acciones de hoy están creando las consecuencias del mañana. Sus actos descuidados y sus pensamientos vagos se están comiendo su más precioso recurso: el tiempo. Esto ocurre porque tienen mucho tiempo y han permitido que los momentos de oportunidad se deslicen sin ser notados formando una acumulación de años vacíos.

Nuestra filosofía nos está moviendo hacia una condición futura específica. Lo mismo nuestra actual actitud, nivel de actividad y resultados. Nuestro estilo de vida puede estar estimulándonos a vivir nuevas profundidades de experiencias emocionales; o susurrándonos que esperemos hasta que lo tengamos todo.

Qué somos y cómo somos debe ser examinado, no solamente a la luz de nuestros objetivos, sino también con una aguda conciencia del tic-tac del reloj. Tal vez nos quedan solo unos pocos años. Tal vez nos quedan sólo unos pocos meses. ¿Pero no tendría más sentido estar haciendo algo constructivo con el tiempo que nos queda, que estar esperando pasivamente que el tiempo nos cobre su inevitable peaje?

La vida no es una sesión de práctica

El tiempo de práctica terminó. Tuvimos tiempo para practicar mientras estábamos creciendo. El tiempo para practicar fue mientras estábamos en la escuela.

Ahora, somos participantes de tiempo completo en el juego de la vida; y nuestro oponente es la mediocridad humana. En ausencia de una actividad humana intensa e inteligente, la mala hierba del fracaso empezará a destruir los pequeños progresos que nuestros esfuerzos han creado. No podemos darnos el lujo de esperar por "la advertencia de los dos minutos". No podemos darnos el lujo de esperar hasta los últimos minutos, para descubrir que nuestro plan de juego no estaba funcionando. Y no podemos darnos el lujo de esperar a los últimos tic-tacs del reloj, para volvernos intensos sobre las oportunidades de la vida.

Debemos desafiarnos ahora mismo, con un nuevo nivel de pensamiento; y conducirnos hacia un nuevo nivel de realizaciones.

Debemos imponernos una nueva disciplina y desarrollar una nueva actitud sobre la vida, que nos motive e inspire a los demás.

No podemos quedarnos esperando, para que una oportunidad a prueba de tontos, aparezca frente a nosotros y nos obligue a volvernos serios. Debemos identificar cuál es la oportunidad que tenemos hoy y adoptarla con entusiasmo. Debemos alentar nuestro talento y nuestro vigor con un nuevo sentido de urgencia, y descubrir todo lo que podemos hacer.

No nos podemos permitir estar obsesionados con los riesgos en cada oportunidad. Al contrario, debemos aprovechar las oportunidades, sabiendo que los riesgos son inherentes a ellas; sabiendo que algunas veces tendremos que correr el riesgo de ir demasiado lejos, para poder descubrir, realmente, qué tan lejos podemos ir.

¡Usted puede hacerlo! Usted puede cambiar su vida y puede empezar ahora mismo, simplemente, desarrollando un nuevo sentido de urgencia.

Recuerde, el reloj sigue andando. Usted tiene la habilidad de conseguir cualquier cosa que usted quiera si sigue el proceso ahora.

Es fácil lograr el éxito y la felicidad. Y también es fácil no lograrlo.

El resultado final de su vida estará determinado por los errores de juicio repetidos todos los días; o por dedicar su vida a algunas pocas disciplinas, practicadas todos los días.

La disciplina de fortalecer y agrandar su filosofía.

La disciplina de desarrollar una mejor actitud.

La disciplina de involucrarse en más intensas y consistentes actividades que lo lleven a obtener grandes resultados.

La disciplina de estudiar sus resultados para anticipar el futuro más objetivamente.

La disciplina de vivir una vida más completa e invertir todas sus experiencias en un futuro mejor.

Estos son los desafíos a los cuales usted debe aplicar su talento y su intensidad, con sentido de urgencia y resolución imbatible.

Deje que las piezas del rompecabezas de su vida se junten suavemente y disfrute de esa obra maestra final, resultado de su absoluto compromiso y dominio de los aspectos básicos.

Deje que sus esfuerzos y resultados hagan que los que un día quieran acercarse a juzgar su existencia, sólo digan esta simple frase...

Bien hecho, buen y fiel sirviente.

JIM ROHN

UNO DE LOS CONSEJEROS MÁS SOLICITADOS DE ESTADOS UNIDOS EN LA BÚSQUEDA DEL ÉXITO

Por más de 45 años, Jim Rohn perfeccionó sus capacidades como si fuera un artista habilidoso, ayudando a personas de todo el mundo con estrategias para esculpir sus vidas que expandieron su imaginación de lo que era posible. Quienes tuvieron el privilegio de oírlo hablar pueden dar fe de la elegancia y el sentido común de sus obras. Se lo considera uno de los pensadores más influyentes de nuestra época.

Jim es el autor de innumerables libros y programas de audio y video, y ayudó a motivar y a formar a toda una generación de capacitadores en desarrollo personal, y a cientos de ejecutivos de las principales compañías estadounidenses.

En 2004, la Asociación de Oradores Nacionales le concedió el Premio a los Maestros de la Influencia.

Los invitamos a unirse a la comunidad de seguidores de Jim Rohn en Facebook en www.Facebook.com/OfficialJimRohn.

Le deseo una vida de riqueza, salud y felicidad; una vida en la que usted mismo se regale el don de la paciencia, la virtud de la razón, el valor del conocimiento y la influencia de la fe, en su propia habilidad de soñar y conseguir la recompensa que merece.

—Jim Rohn

THE JIM ROHN GUIDE SERIES

The timeless wisdom of Jim Rohn in concise, easy-to-read guides. Perfect for sharing with friends, family, business associates, clients and prospects.

TIME MANAGEMENT
PERSONAL DEVELOPMENT
LEADERSHIP
GOAL SETTING
COMMUNICATION

Quantity discounts available

store.JimRohn.com or store.SUCCESS.com

JIM ROHN DIGITAL PRODUCTS

Find these Jim Rohn digital courses or products at successacademy.com or store.jimrohn.com. All include immediate access and are accessible via a SUCCESS Academy mobile-friendly, password-protected member site.

Foundations for Success (comprehensive 10-module digital course)

The Jim Rohn One-Year Success Plan (52-week course)

Jim Rohn's 90 Days to Financial Mastery (12-week course)

Challenge to Succeed Platinum Collection (8 hours of video, 12 hours of audio, plus workbook and bonuses)

Jim Rohn Seminar Super Library (includes *Excelling in the New Millennium* and *The Weekend Leadership Event*)

For more personal development resources from Jim Rohn, visit store.SUCCESS.com or store.JimRohn.com.

SUCCESS MAGAZINE

SUCCESS

Your supply of new ideas, inspiration, and resources that will continue to give you the competitive advantage in life. www.SUCCESS.com/subscribe